Günther Anders zur Einführung

D1727763

Konrad Paul Liessmann

Günther Anders zur Einführung

JUNIUS

Für Ositha

Junius Verlag GmbH
Stresemannstraße 375
22761 Hamburg

© 1993 by Junius Verlag GmbH
Alle Rechte vorbehalten
Umschlaggestaltung: Johannes Hartmann
Titelfoto: Barbara Klemm/FAZ
Satz: Satz + Repro Kollektiv, Hamburg
Druck: SOAK GmbH, Hannover
Printed in Germany 1993
ISBN 3-88506-891-5
2. überarbeitete und erweiterte Auflage Oktober 1993

Die Deutsche Bibliothek - CIP-Einheitsaufnahme

Liessmann, Konrad Paul:
Günther Anders zur Einführung / Konrad Paul Liessmann. -
2., überarb. und erw. Aufl. -
Hamburg : Junius, 1993
(Zur Einführung ; 91)
ISBN 3-88506-891-5
NE: GT

Inhalt

Anhang

Vorwort

In den Jahren seit 1989 hat sich die politische, ökonomische und ökologische Lage Europas und der Welt gravierend geändert. Das kann für einen Denker wie Günther Anders, der sich wie wenige Philosophen darum bemühte, die Wirklichkeit in ihren konkreten Erscheinungsformen zum Gegenstand seiner Reflexionen zu machen, nicht ohne Folgen sein. Anders hat in seinen letzten Lebensjahren den Zusammenbruch der Nachkriegsordnung noch mitverfolgen können. In einem letzten großen Interview, das ich mit Günther Anders im Herbst 1990 führte und das in diese Einführung aufgenommen wurde, hielt Anders allerdings daran fest, daß seine grundsätzliche Analyse der technischen Zivilisation und der atomaren Bedrohung auch nach dem Ende des Kalten Krieges seine Gültigkeit behalte, er räumte allerdings ein, daß die Menschheit nun neben der Atombombe noch »viele Methoden [entwickelt] habe, um Selbstmord zu begehen«, daß aber dadurch seine Analyse und Beschreibung unserer Epoche als einer »Endzeit, die gehindert werden muß, in ein Zeitenende umzuschlagen«, sich nicht nur bestätigt, sondern geradezu verschärft habe.

Die Entwicklungen der letzten Jahre scheinen überhaupt in vielem Günther Anders recht zu geben. Der aufbrechende Nord-Süd-Konflikt, sich verschärfende ökologische Krisen, eine drohende Klima-Katastrophe und in den fortgeschrittenen Ländern ungeheure Innovationsschübe in den Kommunikationstechnologien bei gleichzeitigem Rückfall in nationalistische Ressentiments — all das scheint in vielem Anders' Ansätze zu einer fundamentalen Kritik der technischen Zivilisation zu bestätigen. Gerade die Analysen der Gerätewelt und der Massenmedien, die Anders schon in den fünfziger Jahren vorgelegt hatte, gewinnen unter heutigen Bedingungen neue Aktualität und Brisanz.

Nicht nur im Weltmaßstab, auch in Sachen Günther Anders selbst hat sich in den letzten Jahren allerdings einiges geändert. Im Umkreis seines 90. Geburtstages 1992 nahm die publizistische und wissenschaftliche Beschäftigung mit seinem Werk spürbar zu und die durchaus kontroversen Auseinandersetzungen um seine Philosophie zeugen von deren ungebrochener Kraft. Daß wenige Monate vor seinem Tode und sechzig Jahre nach ihrer Niederschrift die *Molussische Katakombe*, Günther Anders' großer antifaschistischer Roman, erscheinen konnte, war wohl nicht nur eine späte Genugtuung für ihren Autor, die durch die Erfahrung getrübt sein mochte, daß auch dieses Buch nichts von seiner Aktualität eingebüßt hatte, sondern lenkte das Augenmerk auch auf die frühen Arbeiten von Anders, die zum Teil noch immer unveröffentlicht sind. Seine Ende der zwanziger Jahre vorgetragenen Entwürfe einer negativen Anthropologie harren nicht nur einer brauchbaren Edition, sondern sind in ihrer philosophischen Bedeutsamkeit wohl immer noch nicht angemessen erfaßt.

Diese Einführung versucht, auf diese Entwicklungen und Gesichtspunkte vorsichtig zu reagieren, wenngleich aufgrund der vielen noch unpublizierten Texte von Anders ein einigermaßen abgerundetes Bild dieses unbestechlichen Analytikers unserer Zivilisation noch nicht gezeichnet werden kann. Hauptanliegen aber mußte es bleiben, in das vielfältige und vielgestaltige Œuvre eines Denkers einzuführen, der im Kampf für eine von der Selbstdestruktion bedrohten Menschheit seine eigentliche Aufgabe sah und der dabei für sich als Person die Differenz von Theorie und Praxis nie hat gelten lassen.

Wien, am 12. Juni 1993   Konrad Paul Liessmann

I. Einleitung: Günther Anders' Vita — Konturen des 20. Jahrhunderts

Im Vorwort zu seinen *Ketzereien*, tagebuchartigen Aufzeichnungen und Reflexionen, hatte Günther Anders einmal geschrieben: »Ich wünsche nicht, als Verfasser von unverbindlichen, mehr oder minder unüblichen Betrachtungen von mehr oder minder genau geschliffenen Glossen klassifiziert zu werden, vielmehr als Vertreter von Kampfthesen, der es mindestens verdienen würde, attackiert zu werden.«[1] Es mag seltsam klingen: aber genau dieser Wunsch ist Günther Anders versagt geblieben — letztlich bis heute. Die lange Phase einer nahezu jahrzehntelangen Ignoranz scheint zwar von einer viel zu späten der Anerkennung abgelöst zu werden, auch begann in den letzten Jahren eine intensive wissenschaftliche Beschäftigung mit Anders, allein, man kann sich des Eindrucks nicht erwehren, daß auch diese zögernde Kenntnisnahme oft eher dem Bedürfnis entspricht, einem wichtigen Denker des 20. Jahrhunderts seine Referenz zu erweisen als dem Willen zur Auseinandersetzung. Sieht man von der kurzen, aber heftigen Debatte um Anders' Thesen zur Gewalt[2] ab, die am Höhepunkt der Friedensbewegung Mitte der achtziger Jahre die Gemüter erregte, so scheint man sich in der Regel damit abgefunden zu haben, in Anders einen notorischen Moralisten zu sehen, der eine kritische Technikphilosophie verfaßt hat, die ihn gerade noch dazu nobilitiert, von einem Buchclub zu einem *Klassiker des modernen Denkens* erhoben zu werden.

Anders ist, auf eigentümliche Weise, an diesen Rezeptions-
formen nicht unschuldig gewesen. Unter der Voraussetzung,
daß seine Reflexionen und Beobachtungen in der Tat den
Nerv unseres Zeitalters treffen, waren und sind sie nämlich
inakzeptabel. Die Philosophie von Günther Anders — diese
These sei einmal riskiert — stellt vielleicht wie keine andere
die Lebensform jedes Lesers radikal in Frage; sie läßt sich
deshalb auch nicht — oder nur sehr schwer — zu einem kulturkritischen Emblem verkürzen, das man wenigstens eine Zeit-
lang, als Mode, sich anstecken könnte. Die Unerbittlichkeit
seines Denkens, das mit einer in ihrer Direktheit unvergleich-
lichen Sprache einhergeht, bedarf letztlich weder raffinierter
Interpretationen, noch stellt sich damit ein Jargon ein, mit
dem man in Feuilletons je hätte reüssieren können. Damit
sprengt sein Denken aber das Reservat, das man Philosophie
heute zugedacht hat; was Adorno, in vielem Anders ähnlich
und doch entscheidend anders, in seinen Essays gerne gesehen hätte, nämlich *Eingriffe*, das *sind* viele der Arbeiten von
Anders. Scharfe, rücksichtslose, einseitige und manchmal
vielleicht sogar ungehobelte Eingriffe in das, was die Kritische Theorie gerne den *Betrieb* genannt hatte: in das gesamt-
gesellschaftliche Gefüge eines Denkens und Handelns, dem
sich keiner von uns — auf welcher Seite er auch immer stehen
mag — entziehen kann. Und das ist vielleicht etwas Entschei-
dendes an Anders — er gibt keinen Ort an, an den der Kritiker
sich behaglich zurückziehen könnte, in dem er sich zuhause
fühlen, von dem aus er die Welt zumindest theoretisch aus
den Angeln heben könnte: das Proletariat nicht und nicht die
Intellektuellen, die Frauenbewegung nicht und nicht die
Friedensbewegung, die Natur nicht und nicht die Dritte Welt,
und ein Utopia schon gar nicht. Die prinzipielle *Heimatlo-
sigkeit*, die Anders' Leben und seine Philosophie, namentlich

seine Anthropologie kennzeichnet, hat etwas Anstößiges an sich. Was Anders vielleicht zu einem wirklichen *Ketzer* der Moderne schlechthin machte, war seine Mißachtung deren innersten Prinzips, dem sich bislang noch ihre größten Kritiker verpflichtet fühlten — der *Hoffnung.* Und daß er seine *Hoffnungslosigkeit* dennoch mit rigiden *moralischen* Ansprüchen verband, macht seine Philosophie für viele wohl im Wortsinn tatsächlich *indiskutabel.* Manchmal erscheint es, als ließe seine Philosophie nur die Alternative zu zwischen gequälter Zustimmung und Ignoranz.

Günther Anders wurde gerne als Moralist, Kulturkritiker, Atompfarrer, Prophet, Kassandra, Apokalyptiker und negativer Eschatologe bezeichnet und denunziert.[3] Sein Genie allerdings manifestierte sich demgegenüber in einem Lebenswerk, das für derartige Etiketten nur wenig Platz ließe, ein vielfältiges, die unterschiedlichsten Gattungen umfassendes Œuvre, von der philosophischen Abhandlung bis zur bissigen Glosse, vom Traktat bis zur Fabel, vom Essay bis zum Gedicht — insgesamt trotz aller konzidierbaren Einseitigkeiten eine der scharfsinnigsten und integersten, »alle Lebensbereiche umfassenden Analysen der Gegenwart«.[4] Vielleicht war Günther Anders einer der wenigen Philosophen, die mit Recht zu den wichtigen Denkern unserer Epoche gezählt werden können, weil sie tatsächlich versuchten, nach dem Wort von Hegel, ihre Zeit in Gedanken zu fassen. Wenn irgendwo seit Jahrzehnten nachzulesen ist, wie es um uns bestellt ist, dann bei Günther Anders. Dabei war Günther Anders, obwohl verschiedenen philosophischen Schulen und Strömungen auf unterschiedlichste Weise nahestehend, keiner derselben schlicht beizuordnen. Phänomenologie und Marxismus, auch Existenzialontologie waren für ihn von großer Bedeutung, ebenso wie die Tradition des deutschen Idealismus, Hegel und Kant vor allem; dennoch muß seine Philosophie des letzten Zeitalters, sowohl was die Methode als auch was die Ergebnisse betrifft, als durchaus eigenständig bezeichnet werden.[5] Günther Anders war stets, wie Hans Mayer einmal bemerkte, »schwer einzuordnen, und das haben ordentliche Leute nicht besonders gern«.[6]

Im Jahre 1902 wurde Günther Stern, der sich später Anders nannte, in Breslau geboren. Sein Vater war William Stern, der bekannte Psychologe, der eine Philosophie des *Personalismus* hatte entwerfen wollen, als Begründer der differentiellen Psychologie gilt und den Begriff *Intelligenzquotient* geprägt hat. Obwohl selbst als Kind Objekt der forschenden Neugier des Vaters, bleibt Anders diesem ein Leben lang verbunden. In einer später, anläßlich eines Besuches von Breslau im Jahre 1966, erinnerten Kindheitsszene, deren Eindringlichkeit man sich kaum entziehen kann, wird dem Kind, das unter dem Klavier sitzt, der Vater, der Schuberts Erlkönig singt, zur Antizipation und zum Inbegriff von Hilflosigkeit, Schrecken, Tod, letztlich Menschlichkeit: »Und dort oben im 2. Stock muß sie hängen, die Szene, als er, Vater, mit rauher Stimme, *mein Vater, mein Vater* rief, panische Hilferufe, *mein Vater, mein Vater, jetzt faß er mich an!* Man stelle sich vor: Vater, der voller Angst nach Vater ruft [...].«[7] Für das entsetzte Kind bricht in dieser Szene mehr als das Vaterbild zusammen: »Damals nämlich, da er *selbst* nach einem Vater schrie, [hat er] mein Vertrauen in ihn als den Gottvater zerstört, und von Stund an [ist er] für mich nur noch *auch ein Mensch* gewesen.«[8]

Es ist der Vater, der ihm dann auch zum Paradigma des assimilierten Juden wird, der für diese Anpassungsleistung mit dem Verlust politischer Reflexionsfähigkeit bitter zu bezahlen hatte: »Vaters Kritiklosigkeit«, schreibt Anders später,

»namentlich sein naiver Patriotismus, geht mir durch den Kopf. Wie ist dieser Mangel an Urteil mit seiner Intelligenz, und wie seine politische Ängstlichkeit mit seiner sonstigen Integrität zu vereinbaren?« Und ein Moment der Fremdheit schiebt sich zwischen Vater und Sohn: »Heute, nach den Erfahrungen, die wir gemacht haben, ist er als Typ kaum mehr verstehbar.«[9] Daß William Stern, der sich zwar nie hatte taufen lassen, aber auch keine Verbindungen zur jüdischen Tradition pflegte, seine Karriere an deutschen Universitäten dem liberalen Staat zu verdanken glaubte, schlug ihn in den Augen des Sohnes mit politischer Blindheit, die nicht ohne Auswirkungen auf die Erziehung des Kindes blieb: »Nicht im Traume wäre es ihm eingefallen, mich, den er sonst ja zu einem *Menschen* zu bilden versuchte, gegen die militärische Atmosphäre der Schule oder gegen die kriegslüsterne Jahrhundertausstellung argwöhnisch zu machen.«[10] 1942, anläßlich seines 40. Geburtstages, schreibt Anders das Gedicht »Vor dem Spiegel«, das sein Verhältnis zum Vater reflektiert:

So ähnlich, Vater, sahst du aus.
Man trug dich mit Musik hinaus.
Ist gar nicht solange her.
Dein Lebenstisch war gut gedeckt
mit Arbeit, Freude und Respekt.
Ja Vater, du warst schon wer.

Jawohl, mein Vater, du warst klug.
An *einer* Frau hattst du genug.
die hattst du täglich lieb.
Und jedes zweite Jahr lag frisch
ein neues Buch auf deinem Tisch.
Du warst kein Tagedieb.

[...]
der Liebe hast du zwar genügt,
jedoch der Wahrheit kaum.

Du trautest blindlings der Kultur.
Im Übel sahst du Irrtum nur.
Der Fortschritt war gewiß.
Fern lag dir jede Schlechtigkeit.
Doch war für dich Gerechtigkeit
stets gleich mit Kompromiß.

[...]
Als schließlich das Gewitter brach,
zerschlug der erste Schlag dein Dach,
hätt' beinah dich gefällt.
Hättst du doch damals dich ermannt,
und ohne falsche Scheu bekannt:
ich diente der falschen Welt.

[...]
Ja, Vater, das ist ausgeträumt.
Solch Leben hab ich nun versäumt.
Mein Vierzigstes begann.
Doch denke nicht, daß ich bereu.
Auch ich blieb meiner Sache treu:
und die fängt morgen an.[11]

Als Heranwachsender beschäftigte sich Günther Anders fast ausschließlich mit Musik und Malerei. 1915 übersiedelt die Familie nach Hamburg, zwei Jahre später muß der fünfzehn-jährige Schüler mit einem paramilitärischen Verband nach Frankreich und wird zu einer entscheidenden Erfahrung gezwungen: »Dort wurde ich bereits von meinen Klassenkameraden, ich war der einzige Jude in der Klasse, ich kann beinahe sagen, gefoltert.«[12] Daß es nicht auf die Religion ankommt, damit einem sein Jude-Sein schmerzhaft bewußt gemacht wird — diese Einsicht bestimmte dann auch das spezifische *Judentum* des Atheisten Anders, eine Solidarität der Verfolgten, die auch noch spürbar ist in seinen Reflexionen über das Schicksal der Edith Stein, jener Edith Stein, die ebenso Schülerin seines Vaters wie seines späteren Lehrers

Husserl gewesen war, und der es nichts genutzt hatte, Thomistin, Katholikin, sogar Karmeliterin zu werden: »Denn nicht anders als die niemals Getauften ist auch sie [...] in Rauch aufgegangen.«[13] Daß man dieses »anachronistische«, »bejammernswerte und überspannte Judenmädchen«, das gerade in dem Augenblick sich »restlos zu assimilieren hoffte, in dem das Zeitalter der Assimilation sein Ende gefunden hatte«, dann zu kanonisieren gedachte, hatte Anders schon damals, 1966, nur als »wohlfeil erworbenes Alibi« jener Kirche interpretieren können, die den Tod von Millionen Juden »ohne Protest« hingenommen hatte.[14]

Nach dem Ersten Weltkrieg studiert Anders bei Cassirer und Panofsky Philosophie und Kunstgeschichte, später in Freiburg Philosophie bei Husserl und Heidegger. Bei Husserl promoviert er dann auch 1923 über *Die Rolle der Situationskategorie bei den ›logischen Sätzen‹* — eine akademische Karriere scheint noch denkbar. In Husserls Freiburger Seminar lernt Anders 1925 auch Hannah Arendt kennen, die er vier Jahre später in Berlin wiedersehen und heiraten wird.[15]

Anders arbeitet zwar als Kunstberichterstatter für die *Vossische Zeitung*, publiziert aber 1928 seine erste philosophische Schrift *Über das Haben* und faßt eine musikphilosophische Habilitation ins Auge. Die *Philosophischen Untersuchungen über musikalische Situationen* versuchen eine Philosophie der Musik zu entwerfen, die weder von der objektivierten Formensprache der Musik noch von ihrer subjektiven Emotionalität ausgehen, sondern an der musikalischen »Situation« phänomenologisch ansetzen will. Die Habilitationspläne in Frankfurt können jedoch nicht realisiert werden — nach Anders' eigener Darstellung, weil die »politische Atmosphäre bereits scharf zu werden begann« und Paul Tillich ihm geraten hatte, abzuwarten, bis der Nazi-Spuk vorbei sei, aber auch, weil er nach seiner Bekanntschaft mit Adorno glaubte einsehen zu müssen, daß dieser ihn auf dem Gebiet der Musikphilosophie »turmhoch« überrage.[16] Anders beginnt dann beim Berliner *Börsen-Courier*, auf Vermittlung von Brecht, als »Knabe für alles« zu schreiben, bis der damalige »Kulturpapst« im *Börsen-Courier*, Ihering, angeblich meinte, es könnte nicht die Hälfte aller Artikel mit Günther Stern unterzeichnet sein — »Dann nennen Sie mich noch irgendwie anders«, schlug der Angesprochene vor —, und begann unter dem Namen zu publizieren, unter dem er auch bekannt geworden ist: Günther Anders.[17]

Im Nationalsozialismus sah Günther Anders eine Gefahr, die er, schon damals mit einem anscheinend untrüglichen Sinn für gesellschaftliche Entwicklungen und Tendenzen behaftet, frühzeitig, ja, wie so oft, früher als andere, erkannte. 1928 liest er *Mein Kampf*, wofür er von seinen Freunden, die Hitler »idiotischerweise nur den Anstreicher nannten«, verlacht wird. Er hingegen nimmt dieses »gemeine, haßfreudige, zum Hassen aufreizende, achtelgebildete, feierliche, rhetorisch mitreißende, unbestreitbar höchst intelligente Buch« zutiefst zur Kenntnis und weiß, »dieser Mann sagt, was er meint und er meint, was er sagt. Und er sagt es so vulgär, daß er für das Vulgäre unwiderstehlich sein wird und selbst Nicht-Vulgäre vulgär machen und mitreißen wird.«[18] Und auf die Frage, ob es denn in seinem Leben etwas gäbe, das er bereue, nicht getan zu haben, hat Günther Anders geantwortet: Ja, daß er Hitler damals nicht getötet habe.[19]

In den Jahren 1930-1932 arbeitet Anders dann an dem antifaschistischen Roman *Die Molussische Katakombe*, der weder in Deutschland noch in Frankreich erscheinen konnte. Dieser Roman wurde erst 1992, sechzig Jahre nach seiner Entstehung und kurz vor dem Tode seines Autors, erstmals publiziert.

1933 emigriert Anders nach Paris, schreibt politische Gedichte und publiziert seine in Grundzügen Ende der zwanziger Jahre entworfene negative Anthropologie, die einen nicht unwesentlichen Einfluß auf Jean-Paul Sartre haben wird. 1936 trennen sich Anders und Hannah Arendt, Anders flieht in die USA, wo er die verschiedensten »odd jobs« annehmen muß, Fabrikarbeiten, aber auch Lektorate über Ästhetik. Er unterhält Beziehungen zu Brecht, Marcuse, Thomas Mann und Adorno. Doch auch im Exil bleibt Anders der Außenseiter. Weder ist er so renommiert noch finanziell so abgesichert wie manche seiner Kollegen, die mitunter durchaus herablassend auf den eigenwilligen Dichter und Philosophen reagieren.[20] In den USA verfaßte Anders — neben Tagebuchnotizen, kulturkritischen Essays und einem Text über Kafka —, auch ein umfangreiches, bislang unveröffentlichtes Manuskript zu Heidegger und der *Geschichte des Nihilismus*. Aus dem Kontext dieser Arbeit publizierte er zwei Aufsätze, die seine Kritik an Heidegger in verdichteter Form enthalten.[21] Anders wirft Heideggers Denken eine »Pseudokonkretheit« vor und es ist spürbar, daß Anders, der zeitweilig sicherlich in kritische Nähe zu Heidegger gestanden hatte — was ihm auch wenig Sympathien von Seiten Adornos oder Horkheimers eintrug[22] —, sein eigenes Denken gerade vor dieser *Pseudokonkretheit* bewahren und sich die von Heidegger nicht eingelösten Ansprüche auf ein Denken des Seins als Bedenken der konkreten gesellschaftlichen Wirklichkeit offenhalten wollte.

Die Erfahrungen in Amerika, nicht zuletzt die verschiedenen Arbeiten, mit denen Anders seinen Lebensunterhalt verdienen muß, schärfen allerdings seinen Blick für jene Faktoren, die in der modernen Zivilisation die entscheidenden sind. Die Arbeit etwa als Putzmann in den Requisitenkammern von Hollywood führt ihn zu geschichtsphilosophischen und erkenntnistheoretischen Reflexionen, ohne die zum Beispiel seine spätere Medientheorie kaum möglich gewesen wäre. In Tagebuchaufzeichnungen aus jener Zeit, vom März 1941, heißt es so etwa angesichts der Requisiten für historische Filme: »Nicht nur gilt: Originale werden kopiert, sondern ebenso: was kopiert wird, wird dadurch zum Original. Ob Stücke Originale sind oder nicht, das entscheidet sich also oft erst im Laufe der Geschichte selbst. [...] Je rascher die Verwüstung drüben in Europa weitergeht, je systematischer die Originale drüben in Trümmer sinken, umso rapider wird sich das hiesige Katzengold in lauteres Kulturgold verwandeln.«[23]

Nicht verwunderlich also, daß es Günther Anders mitunter »absurd« scheinen mußte, wenn sich zuweilen am Stillen Ozean eine Gruppe nachmalig berühmter Philosophen und Schriftsteller versammelte, das »andere Deutschland«, wie er es nannte, um »Politisches, Soziologisches und Philosophisches« zu diskutieren, »während in Europa Hitler wütete und in Auschwitz Millionen zu Asche verbrannten«.[24] Die langsam durchsickernden Wahrheiten über die Vernichtungspolitik der Nazis und dann vor allem die Nachricht vom Abwurf der ersten Atombombe über Hiroshima haben dem Leben und Denken von Günther Anders eine entscheidende Wende gegeben. Dieses, nach dem Ersten Weltkrieg und dem Nationalsozialismus also dritte Ereignis, das ihn bis zuletzt nicht losgelassen hatte, schilderte er denkbar einfach: »Und dann kam am 6. August 1945 über das Radio die triumphale Nachricht vom Abwurf der Atombombe über Hiroshima.«[25]

Dieses ungeheure Vorkommnis, dessen Dimensionen erst allmählich sichtbar werden, das den Auftakt darstellte zur globalen Bedrohung der Menschheit, beeinflußt nun maßgeblich sein weiteres Leben: Er kehrt zwar 1950 nach Europa zurück, nicht in eines der beiden Deutschland, sondern nach Wien, die Heimatstadt seiner zweiten Frau Elisabeth Freundlich, die er in New York kennengelernt hatte. Schon ein Jahr später wird Günther Anders österreichischer Staatsbürger, 1955 trennt er sich von Elisabeth Freundlich und heiratet 1957 die polnisch-amerikanische Pianistin Charlotte Zelka (Zelkowitz).

Eine mögliche Karriere als literarischer Essayist, die sich nach dem Erfolg eines Buches über *Kafka — Pro und Contra* hätte einstellen können, schlägt Anders in der Folge allerdings ebenso aus wie eine von Ernst Bloch für ihn bereitgehaltene Professur in Halle — denn die durch die Konstruktion der Atombombe möglich gewordene Ausrottung der Menschheit wurde das Thema, dem er, als freier Publizist, die folgenden Jahrzehnte seines Lebens widmete. 1954 wird er Mitbegründer der Anti-Atombewegung, reist nach Hiroshima und Nagasaki und veröffentlicht seine Betrachtungen und Beobachtungen in dem Band *Der Mann auf der Brücke*, 1958 fliegt er nach Tokio, um am dort stattfindenden Anti-Atomkongreß teilzunehmen, leitet dabei ein Seminar über »Moral im Atomzcitalter«, 1959 beginnt er einen Briefwechsel mit Claude Eatherly, jenem Aufklärungspiloten, der das Zeichen zum Abwurf der Bombe gegeben hatte. Der Briefwechsel wird dann 1961 von Robert Jungk unter dem Titel *Off limits für das Gewissen* herausgegeben und sorgt für erregte Kontroversen.[26]

Nicht vergessen werden darf allerdings Günther Anders' Engagement gegen den Vietnamkrieg. Er war Juror in Russells »War crime tribunal« und publiziert eine Analyse der amerikanischen Kriegssprache: *Visit beautiful Vietnam.*

ABC der Aggression heute. Nach dem Einmarsch der Vietnamesen in Kambodscha allerdings notiert er: »Wer sich erfolgreich gegen einen überlegenen Angreifer verteidigen will, muß sich diesem angleichen, dessen Technik übernehmen, namentlich dessen Waffentechnik: er ist, wenn er auch dem Schein nach als Sieger ausgehen sollte, ein Besiegter. Stellt sich nicht heute der Sieg der Vietnamesen über die Amerikaner als solch ein Pyrrhussieg heraus? Haben sie nicht von den Besiegten — zuviel gelernt?«[27]

Der Gedanke an die selbstinszenierte Apokalypse als zentrales Thema seines Denkens durchzieht auch das philosophische Hauptwerk von Günther Anders, die zwei Bände der *Antiquiertheit des Menschen*, wenngleich es ihm dort um mehr geht: um eine radikale Philosophie der technischen Zivilisation überhaupt, als deren äußerste Zuspitzung die Bombe erscheint. Daneben veröffentlicht er Reflexionen über die Weltraumfahrt *(Der Blick vom Mond)*, die früheren Arbeiten über Franz Kafka und George Grosz, Erinnerungen an Bert Brecht, *Philosophische Stenogramme*, Tagebuchaufzeichnungen *(Die Schrift an der Wand)*, Glossen *(Ketzereien)*, und auch Belletristisches. Ein Band Fabeln *(Der Blick vom Turm)* und eine Sammlung hintergründig philosophischer Erzählungen *(Kosmologische Humoreske)* gelangen aus dem reichen Fundus seiner literarischen Arbeiten an die Öffentlichkeit. Mehr als zwei Drittel dessen, was er geschrieben habe, seien aber, so schätzte Anders einmal, ohnehin noch ungedruckt[28] — das Bild, das wir uns zur Zeit von Günther Anders' Werk machen können, muß also bis auf weiteres ein vorläufiges bleiben.

Zweifellos kann das Werk von Günther Anders vielseitig genannt werden — er selbst fand dafür eine Erklärung, die für seine Denkhaltung ebenso charakteristisch wie für das allgemeine Bewußtsein befremdlich sein mag, daß er nämlich die Naturwissenschaften völlig aus seinem Bildungsgang ausgeschlossen, sich zeitlebens an ihnen »vorbeigedrückt« hatte. Und er empfand es nicht als Nachteil, auf den Begriff der naturwissenschaftlichen Strenge ebenso verzichtet zu haben wie auf die Illusion, deren Maßstäbe auf Nichtnaturwissenschaftliches anwenden zu können. Oder, wie er selbst pointiert formulierte: »Meine Unbildung ist die conditio sine qua non meiner Ausbeute gewesen.«[29] Das mag zweifellos verwundern bei jemandem, der Fundamentales für eine Philosophie der Technik geleistet hat. Allerdings geht »Unbildung« bei Anders sogar noch weiter — er ist alles andere als der Typ des akribisch Gelehrten, der stets mit der neuesten Sekundär- und Tertiärliteratur vertraut sein will. Aber nicht zuletzt diese Mißachtung des *wissenschaftlichen Fortschritts* einerseits und der vordergründigen *Funktionsweise* der avancierten Technologien andererseits rechtfertigt die Methode seines Denkens als eine philosophische: Es geht ihm — in einer tatsächlich ins Konkrete verwandelte Phänomenologie — um die *Sache* selbst, um deren Wesen und Bedeutung für den Menschen. Nicht das verspielte und harmlose Aussehen der technischen Apparate interessiert ihn, auch nicht das technische *Wie* ihres Funktionierens, sondern das, was sie tatsächlich *sind* und *bewirken* — im kritisch-emphatischen Sinn also ihr *Sein*.

Günther Anders war, obwohl seit seiner Rückkehr nach Europa von einer schmerzhaften Polyathritis geplagt, bis zum letzten Lebensjahr publizistisch aktiv. Das Alter war ihm eine große körperliche Beschwerde, und doch wußte er um dessen seltsame Vorzüge Bescheid. In den *Philosophischen Stenogrammen* heißt es: »Die Schlauheit, mit der uns das Alter beschenkt, ist keine Untugend, sondern eine fröhliche

Weisheit: eigentlich nur die verschmitzte Dankbarkeit dafür, daß uns eigentlich, da das Äußerste uns ja sowieso unentrinnbar bevorsteht, nichts mehr passieren kann. Die Tatsache, daß das Sterben täglich näher und näher rückt, wirkt gewissermaßen wie eine Lebens-, richtiger: wie eine Moralversicherung, deren Akkumulation wir händereibend beobachten dürfen. ›Welch ein Spaß‹, meinte ein Jahr vor seinem Tode Th. M., ›welch ein Geschenk, alt zu werden. Tugend wird gratis. Und nichteinmal mutig zu sein, erfordert mehr Mut.‹«[30] Vielleicht sind diese Sätze auch angesichts jener prekären Publizität zu bedenken, die Anders Mitte der achtziger Jahre noch erlangte, als er im Zuge der Nato-Nachrüstungsbeschlüsse Gewalt als ultima ratio im Kampf gegen die atomare Bedrohung nicht mehr ausschließen wollte. Wach und kommentierend verfolgte Anders dann noch die Umbrüche in Osteuropa, die Vereinigung Deutschlands und den Golfkrieg. Sein letztes Lebensjahr war er, infolge eines Unfalls, an das Bett gefesselt. So blieb es ihm auch verwehrt, den geplanten dritten Band der *Antiquiertheit des Menschen* fertigzustellen. Am 17. Dezember 1992 starb Günther Anders in einem Wiener Pflegeheim, wenige Monate nach seinem 90. Geburtstag, den er noch mit gedämpfter Freude hatte feiern können.

II. Mensch ohne Welt —
Aspekte einer negativen Anthropologie

In einer marginalen, 1937 erschienenen Rezension eines Sammelbandes von Aufsätzen zur Anthropologie merkte Günther Anders, damals noch unter dem Namen Stern, über eine Arbeit von Malinowski an: »Die heutige Kultur wird von M[alinowski] nicht erwähnt. Diese Nichterwähnung ist nicht uninteressant: was wir zwischen den behandelten Menschen: dem Kind, dem Geisteskranken, dem Primitiven, dem Instinktwesen vergeblich suchen, ist der heutige Mensch in der heutigen Welt«.[1]

Was Anders hier als Defizit moniert, wird ihm zur Aufgabe werden — war es ihm zu diesem Zeitpunkt wohl auch schon geworden: die Frage nach der Stellung des Menschen in der von ihm geschaffenen Welt. Max Schelers vielleicht überzogener Frage nach der Stellung des Menschen im Kosmos wird Anders eine völlig neue Wendung geben: Nicht die Besonderheit dieser Spezies wird ihn interessieren, sondern ihre Verlorenheit. Allerdings, eine eigentümliche Sonderstellung des Menschen konstatierte auch Günther Anders. Immer wieder machte er darauf aufmerksam, daß er schon sehr früh, 1929/30, in zwei Vorträgen über die *Weltfremdheit des Menschen* darauf verwiesen hatte, daß »wir Menschen auf keine bestimmte Welt und auf keinen bestimmten Lebensstil« festgelegt sind, die »Spezifizität« des Menschen also seine »Unspezifizität« ausmacht, *Freiheit* die Interpretation eines anthropologischen Defekts darstellt.[2] Publiziert wurden diese

Thesen 1934 und 1936 unter dem Namen Günther Stern in den *Recherches philosophiques* unter den Titeln *Une Interprétation de l'Aposteriori* und *Pathologie de la Liberté.*[3] Zweifellos antizipierte Anders in diesen Reflexionen viel vom späteren Freiheitsbegriff Sartres[4] und von der Konzeption des Mängelwesens bei Arnold Gehlen. Wenn es für diese, in der weiteren Entwicklung der europäischen Philosophie nach dem Zweiten Weltkrieg bedeutsamen Bestimmungen so etwas wie den Ruhm des Entdeckers gäbe, müßte er Günther Anders zukommen. Sartre hat später, als er Anders kennenlernte, auch freimütig zugegeben, daß er die Formel vom zur Freiheit verurteilten Menschen ihm verdanke.

Anders' damaliger Ausgangspunkt war zweifellos die spezifische Situation des Menschen in einer Welt, an die er nicht wie das Tier angepaßt ist, in der er nicht heimisch ist, ein Fremder. Diese Fremdheit aber ist die Voraussetzung für *Freiheit.* Das besagt aber vorerst, daß die »Tatsache der Individuation« eine der »Dividuation« ist: »Die Tatsache, daß ein bestimmtes Seiendes (Mensch), in gewisser *Abgeschnittenheit* vom Seienden als Ganzen, in gewisser relativer Selbständigkeit sein Sein *habe.*«[5] Damit allerdings ist der Mensch prinzipiell zuerst einmal in eine *Distanz* zur Welt gesetzt. Diese gewinnt er immer erst in einem *Nachhinein*, die Form der Weltgewinnung des Menschen ist strukturell *a posteriori* – Erfahrung; als solche aber das *Apriori* von Mensch-Sein schlechthin: »Aposteriorität ist apriorischer Charakter des Menschen, d.h. das spezifisch Nachträgliche der nachträglichen Erfahrungen kommt ihm nicht nachträglich zu, Mensch ist von sich aus ein solcher, der im Laufe eigenen Lebens aposteriori Weltbeziehungen aufnehmen kann, aufnehmen *wird* [...] Der Mensch ist zwar nicht auf bestimmte Materialien gefaßt, von denen er ja frei ist, aber darauf, nicht antizipiertes zu treffen: sein Apriori ist zwar ganz formal; aber es ist das Apriori der ihm wesensmäßig zukommenden Aposteriorität.«[6] Die Welt als Gegenstand, als »*Gegenüberstand*«, ist so für Stern-Anders nicht nur erkenntnistheoretisch interessant, sondern »positionstheoretisch«: »Ausdruck für die Lage des Menschen, für das Zugleich sein von In-sein und Von-weg-sein, Ausdruck für die menschliche Freiheit *von* Welt *in der Welt.*«[7]

Erfahrung meint aber nicht nur eine rezeptive Form der Weltaneignung, sondern, dies das zweite Resultat der Welt-fremdheit, eine aktive Form der Weltgestaltung: *Praxis* — das unangepaßte Wesen muß sich seine Welt *schaffen*, weil es keine gibt, die *für es* vorhanden wäre. Damit allerdings konstituiert sich die *Historizität* des Menschen, das, was wir *Geschichte* nennen: »Die dem Menschen gebührende Welt ist nicht nur jeweils nicht *da* (muß nicht nur jeweils geschaffen und verwaltet werden), für den Menschen ist auch keine *bestimmte* gebührende Welt vorgesehen. Es gibt Stile seiner Welt. Er verändert nicht nur die vorfindliche Welt, um seine bestimmte daraus zu machen; er verändert auch jeweils *seine* errichtete Welt zu einer anderen ›seinen‹ Welt. Er ist nicht nur auf *diese* Welt nicht festgelegt, sondern auf *keine*; nur darauf, jeweils in einer seiner Welt zu leben. Dies Nichtfestgelegtsein auf … ist die conditio sine qua non seines Freiseins für Geschichte; es bedeutet, daß der Mensch im Unterschied zum Tier durch seinen Mangel an bestimmter Weltbindung nun auch keine *bestimmte* Funktion mehr zu übernehmen brauche, daß er als verschiedenster in den verschiedensten Stilen sein könne und dürfe; daß er nichteinmal auf einen bestimmten Weltbegriff des Menschen festgelegt sei; daß er nun in der Geschichte, als Geschichte jedesmal als ein anderer, nicht etwa nur in einer unwesentlich anderen Maske auftreten könne.«[8]

Diese prinzipielle *Weltfremdheit des Menschen* eröffnet nicht nur die Möglichkeiten von Wissenschaft und Kunst als distanzierte und distanzierende Welterfahrungsmöglichkeiten, sondern drückt sich auch noch in anderen Formen der Welterfahrung aus. Der Mensch ist nach diesem Befund das einzige Wesen, das *Abschied nehmen* und *verzichten* kann – ein »Loslassen eines Präsenten in die Absenz«: »Abschied ist der in seine letzten Möglichkeiten noch einmal zusammengefaßte Verkehr mit der Welt, die eben doch noch entrissen werden kann ... [Abschied] ist als Furcht und Bereitschaft, in der der Mensch überhaupt Welt als noch-daseiend hat, das dauernde Absenzverständnis selbst. Abschied droht schon im Haben, das als Nochhaben schon den Verlust ankündigt [...]«[9] Die prinzipielle Distanz zur Welt drückt sich außerdem in einer nur dem Menschen zugänglichen »ungeheuerlichen Macht« aus: der Fähigkeit zur *Lüge*. Denn die Lüge, so Stern-Anders, bedeutet, »daß der Mensch dem Faktum Trotz bieten, daß er auf Grund seiner eigenen unabhängigen Existenz-Behauptung dem Existierenden ins Gesicht Nichtexistenz, Nichtsosein; oder dem Nichtdaseienden gegenüber Existenz behaupten; daß er das Seiende *verleugnen* kann.«[10] Die Lüge erscheint hier also als eine Form des heroischen Aufbäumens gegen die Macht der Faktizität – und eine bestimmte Form der Lüge, nämlich die Übertreibung in Richtung Wahrheit, hatte Anders selbst als philosophische Methode stets für sich reklamiert.

Diesen anthropologischen Befund faßte Stern-Anders damals in dem Essay *Pathologie de la Liberté* in einem prägnanten Satz zusammen: »Künstlichkeit ist die Natur des Menschen und sein Wesen ist Unbeständigkeit.«[11] Diese fundamentale Künstlichkeit kennzeichnet jene *ontologische Differenz*[12], die den Menschen als Seiendes von allem Sein trennt und markiert, ihn im Wortsinn zu einem *abstrakten*, von der Welt abgezogenen Wesen macht: »*Abstraktion* — also die Freiheit der Welt gegenüber, die Tatsache, für das Allgemeine und das Beliebige zugeschnitten zu sein, der Rückzug aus der Welt, die Praxis und die Veränderung dieser Welt — dies ist die fundamentale anthropologische Kategorie, die sowohl die metaphysische Stellung des Menschen kennzeichnet wie auch seinen *logos*, seine Produktivität, seine Innerlichkeit, seinen freien Willen und seine Geschichtlichkeit.«[13]

Die Erfahrung dieser Abstraktion selbst aber wird nach Anders als »Schock der Kontingenz« erlebt: »Der Mensch erfährt sich als *kontingent*, als beliebig, als ›gerade ich‹ (so wie er sich nicht gewählt hat), als Mensch, der gerade der ist, der er ist (obwohl er ein ganz anderer sein könnte); als von einem Ursprung herkommend, für den er nichts kann und mit dem er sich dennoch gerade als ›hier‹ und ›jetzt‹ zu identifizieren hat.«[14] Die Kontingenz ist das *Danaergeschenk der Freiheit*: »Im Beliebigen, das ich dank meiner Freiheit auffinden kann, treffe ich auch mein eigenes Ich an; desgleichen ist es, soweit es von der Welt ist, sich selber fremd. Als kontingent angetroffen ist das Ich gewissermaßen Opfer seiner eigenen Freiheit. Der Term kontingent muß also für die zwei folgenden Merkmale stehen: ›die Nicht-Konstituierung von sich durch sich‹ des Ich und seine ›Existenz als gerade diese und in der Art‹.«[15]

Die metaphysische Position, die der Mensch aus diesem anthropologischen Befund *de facto* einnimmt, ist damit aber notwendigerweise die des *Nihilisten* — identitätslos, zufällig, frei zu allem und jedem, ohne Notwendigkeit.[16] Nihilismus ist aber als Weltanschauung, als reflektierte Position, in der Stern-Anders paraphrasierenden Formulierung von Werner Reimann, »die Übertreibung der dem Menschen verborgenen Wahrheit über sich selbst«.[17] Letztlich ist damit das ausgesprochen, was der Untertitel zur *Pathologie de la Liberté* gemeint hatte: die Identitätslosigkeit des Menschen. Seine strukturale Wandelbarkeit, seine ontologische Differenz zur Welt, sein lebenspraktischer Nihilismus, seine Freiheit erlauben es ihm nicht, mit sich identisch zu sein. Paradox formuliert, des Menschen Identität besteht darin, keine Identität zu haben.

Der Nihilist, bei dem der Schock über die Erfahrung seiner Zufälligkeit in eine *Kontingenzwut* umschlägt, leugnet nun nicht nur das Sein, das er selbst ist, »sondern das Sein des Seienden selbst, das nun dem Fluch des kontingenten Beliebigen verfällt, so als ob es irgendein gleichgültiges Dasein wäre.«[18] Die Kontingenz seines Daseins in der Welt erscheint dem Nihilisten in zweierlei Gestalt, als Kontingenz der Zeit — daß er jetzt ist und nicht später oder früher — und als Kontingenz des Raumes — daß er hier ist und nicht woanders. Gleichzeitig erlaubt die mit der Kontingenz verbundene Freiheit die beliebige Bewegung in diesen Dimensionen oder Anschauungsformen, Erinnerung und Antizipation können sich der Zeit *bemächtigen*, die Bewegung von Ort zu Ort ermöglicht die Durchquerung der Räume. Die »Pathologie der Freiheit«, an der der Nihilist erkrankt ist, läßt ihn nun pathologisch, das heißt ihr Prinzip in aller Reinheit erfassend, mit diesen Dimensionen verfahren: »Der am Raum erkrankte möchte die Kontingenz des Ortes, an dem er sich gerade befindet, aufheben. Er möchte *überall zugleich* sein, er möchte sich mit einem Schlag der Totalität bemächtigen. Aber der Wunsch zu besitzen ist nur eine Spezifizierung eines grundlegenden Machtdurstes: des Wunsches, die Welt mit sich selber deckungsgleich zu machen, genauer, die Welt zu zwingen, *Ich* zu werden. Daß sie allerhöchstens *mein* werden kann, statt *Ich* zu werden, ist für den Machtdurst bereits der erste Skandal und der erste Kompromiß [...] Im Wunsch nach der Macht sucht der Mensch den Vorsprung wieder einzuholen, den die Welt vor ihm hat; da er nicht je schon alles *ist*, muß er alles *haben*. Er rächt sich an der Welt, indem er sein kontingentes Ich durch die Welt aufbläht, indem er sie sich einverleibt und indem er sie repräsentiert: Denn derjenige, der mächtig ist, ist jetzt nicht mehr nur *er* selbst wie er es in seinem miserablen Zustand war, sondern dieser und jener; er selbst und der andere, eine Ganzheit. Er ist gleichzeitig hier und dort und noch dort. Denn er ist in der Herrschaft, in der Repräsentation und im Ruhm *omnipräsent*, um einen Ausdruck aus der Theologie zu verwenden.«[19]

Anders' frühe negative Anthropologie mündet also in eine Analyse des nihilistischen Menschen, hinter dem man unschwer den modernen Charakter des rastlosen, expansiven Eroberers erkennen kann. Anders damaliger Versuch, dem nihilistischen Typus einen »historischen Menschen« gegenüberzustellen, der im Vertrauen auf seine sozial vermittelte Geschichtlichkeit dem Kontingenzschock entgehen können und seine Identität finden sollte, wirkte dann auch nicht sehr überzeugend. Daß der Nihilist »philosophisch bedeutsamer« ist, weil er das Wesen der Unbestimmtheit des Menschen radikaler zum Ausdruck bringt, formulierte Anders dann auch selbst am Ende der *Pathologie de la Liberté*, die konsequent mit einer Absage an jede Form von Anthropologie schließt.[20] Das Problem des Nihilismus aber hat Anders nicht losgelassen. Seine weitere Auseinandersetzung mit Heidegger ist davon gekennzeichnet, und die atomare Drohung wird ihm als praktisch gewendeter und technisch vollendeter Nihilismus erscheinen.

An der Erkenntnis von der prinzipiellen Unfestgelegtheit des Menschen hat Anders ebenfalls im wesentlichen immer festgehalten.[21] Er bestritt stets, daß dieses Unspezifische am Menschen, die Freiheit, einer *positiv* zu deutenden Sonderstellung gegenüber anderen Lebewesen gleichkomme. Er bemerkte allerdings später selbstkritisch, daß er – wie nach ihm auch Gehlen – diese Bestimmung des Menschen als »freies und undefinierbares Wesen« allein vor der Folie der Tierwelt gemacht habe, daß also der Mensch gleichsam dem tierischen Dasein, das selbst schon eine »ad hoc erfundene Abstraktion« ist, gegenübergestellt wird, wobei das Tier als Gefangener seines »Spezies-Schicksals«, also als unfrei unterstellt wird. Dagegen hatte Anders dann zweierlei einzuwenden: Die Idee, die »Einzelspezies Mensch« den tausenden verschiedensten Tiergattungen gegenüberzustellen und diese als einen einzigen »Typenblock tierischen Daseins« aufzufassen, bezeichnet er als »anthropozentrischen Größenwahn«. Zum anderen ist diese Folie der Tierwelt ohnehin nicht der »effektive Hintergrund menschlichen Daseins« – dieser besteht aus der vom Menschen gemachten »Welt der Produkte«. Wählt man diese Folie, dann verändert sich auch schlagartig das »Bild des Menschen«: »Sein Singular *der* zerfällt; und mit diesem zugleich seine Freiheit.«[22] Anders radikalisierte damit nicht nur die ursprüngliche Fragestellung, sondern drehte sie, unter dem Druck der Ereignisse seit 1945, geradezu um – nicht mehr der Mensch, der sich keiner Welt von vornherein zugehörig fühlen kann, weil er sich immer erst eine ihm angemessene schaffen muß, wird zentraler Gegenstand der Philosophie von Günther Anders, nicht der *Mensch ohne Welt* also, sondern die vom Menschen selbst geschaffene Welt, die zurückwirkt auf ihre Konstrukteure, sie verändert und tendenziell überflüssig macht, rückt in den Mittelpunkt: die *Welt ohne Mensch* also.

Der abstrakt-anthropologischen Fragestellung nach der Stellung des Menschen in der Welt hatte Anders allerdings auch schon früher eine konkret-politische Wendung zu geben gewußt. Die Figuren in Alfred Döblins *Berlin Alexanderplatz*, Arbeitslose, Kriminelle, zur »Aussteigerei Verdammte«, wurden ihm zum Paradigma eines Lebens, das, im Gegensatz zu Heideggers »In-der-Welt-Sein«, *keiner* Welt sich zugehörig fühlen kann.[23] Weltlosigkeit war schon damals für ihn keine ontologische oder anthropologische Kategorie mehr, sondern letztlich eine ökonomische: weltlos wird der durch Arbeitslosigkeit zum Nichtstun verdammte Mensch.[24] Die radikalste poetische Darstellung dieses Weltverhältnisses findet Anders in Samuel Becketts *Warten auf Godot*, das er eine »Ontologische Farce« nennt: »Die beiden ›Helden‹ sind also nur noch am Leben, nicht mehr in der Welt‹. [...] Da es, wo es keine Welt mehr gibt, auch Kollision mit der Welt nicht mehr geben kann, ist die Möglichkeit des Tragischen verloren gegangen.«[25]

Günter Anders also geht es, vorerst einmal allgemein formuliert, um die Frage, inwiefern der Mensch von genau jener Welt geprägt und geformt wird, der er aufgrund seiner Unfestgelegtheit genötigt ist, sich zu entwerfen. Die Veränderbarkeit des Menschen als Resultat und Konsequenz der von ihm selbst geschaffenen Lebensformen — erst unter dieser Perspektive läßt sich der Titel des zweibändigen Hauptwerkes von Anders angemessen lesen: *Die Antiquiertheit des Menschen.*

Das Problem ist für ihn dabei aber nicht, daß ein ehrwürdiges Bild vom Menschen durch den zweifelhaften Gang der technischen Zivilisation beschmutzt würde; sein Problem ist auch nicht die mancherorts immer wieder monierte aufbrechende Differenz zwischen der Natur des Menschen und der technischen Lebenswelt oder, mit den Worten von Arnold Gehlen, von »Urmensch und Spätkultur«.[26] Reduzierte man

Anders auf einen Kulturkritiker, der darüber lamentiert, daß durch die Industrialisierung und Technisierung viel von dem verloren gehe, was bis ins 19. Jahrhundert die Idee des Humanen ausmachte, täte man ihm — zum Teil zumindest — unrecht. Der Terminus »Antiquiertheit« meint vielmehr zweierlei: Einmal will Anders unter diesem Titel die »Metamorphosen der Seele« im Zeitalter der zweiten industriellen Revolution beschreiben[27] — Antiquiertheit besagt hier nüchtern, daß bestimmte Lebensformen und damit verbundene Vorstellungen hinter der Realität einer rasanten gesellschaftlichen Entwicklung zurückbleiben müssen — wie immer das dann bewertet werden mag. Und zum anderen diagnostiziert Anders unter diesem Begriff im zweiten Band des Werkes laut Untertitel die »Zerstörung des Lebens im Zeitalter der dritten industriellen Revolution«. Mensch sein, Leben überhaupt beginnt als antiquierte Daseinsform zu erscheinen — gemessen an den immanenten Tendenzen der technischen Errungenschaften des 20. Jahrhunderts; diese Diagnose faßte Anders einmal wie folgt zusammen: »Denn worauf wir abzielen ist ja stets, etwas zu erzeugen, was unsere Gegenwart und Hilfe entbehren und ohne uns klaglos funktionieren könnte — und das heißt ja nichts anderes als Geräte, durch deren Funktionieren wir uns überflüssig machen, wir uns ausschalten, wir uns ›liquidieren‹. Daß dieser Zielzustand immer nur approximativ erreicht wird, das ist gleichgültig. Was zählt ist die Tendenz. Und deren Parole heißt eben: ›Ohne uns‹.«[28]

Im Zentrum steht also das, was sich mit dem Menschen schon zugetragen hat. »Wer heute noch die *Veränderbarkeit des Menschen* proklamiert (wie es Brecht getan hatte), ist eine gestrige Figur, denn wir *sind* verändert«, schreibt Anders im Vorwort zum zweiten Band der *Antiquiertheit*[29] und fährt fort: »Diese Verändertheit des Menschen ist so fundamental, daß, wer heute noch von seinem *Wesen* spricht, eine vorgestrige Figur ist.« Die Frage, inwiefern der Mensch sich durch Industrialisierung und Technisierung, wie sich seine Lebensform verändert, wird zunehmend auch Gegenstand vorrangig sozialhistorischer Untersuchungen. Die genaueren Analysen der Entwicklung von Lebensgewohnheiten, Verkehrsformen, Transportsystemen, Kommunikationsmitteln und Ernährungsweisen seit dem Mittelalter könnte dann auch eine notwendige Konkretisierung des Antiquiertheitsbegriffes erlauben.

Diese Verändertheit trifft allerdings nicht nur, gleichsam passiv, die Psyche des Menschen, seine Verhaltens- und Lebensformen, sie trifft auch seine Selbstwahrnehmung. Günther Anders war einer der wenigen, der philosophisch zu reflektieren versuchte, welche Auswirkungen eine der technischen Höchstleistungen des 20. Jahrhunderts — die Mondlandung — auf die Selbstwahrnehmung des Menschen haben mußte.[30] In seinen Reflexionen über die Weltraumfahrt interpretiert er dieses Ereignis als endgültigen Abschied von jedem Geo-Zentrismus — gerade die technische Leistung, die Großartigkeit des Mondfluges bestätigt die Erfahrung der Nichtigkeit dieser Erde: »So manche Neurosen des kommenden Zeitalters werden wohl darin ihren Grund haben, daß unsere Kinder und Kindeskinder auf Leistungen werden stolz sein müssen und wirklich stolz sein werden, die ihnen, da sie sich durch sie als nichtig oder gar als vernichtet erkennen werden, eigentlich aufs tiefste zuwider sein werden.«[31]

Tatsächlich deutet Anders den Mondflug primär nicht als Reise zu einem extraterrestrischen Objekt, sondern als Form der Selbstbegegnung — es geht um den Blick des Menschen vom Weltall auf die Erde, der »philosophisch ertragreicher«

ist als der umgekehrte Blick zum Mond; es geht darum, daß dieser Blick vom Mond eine Erde zeigt, »so ungewöhnlich, so ungewöhnlich schön und so ungewöhnlich trostlos wie nichts, was wir früher auf Erden gesehen hatten«.[32]

Die negative Anthropologie, so könnte man sagen, schlägt im Zeitalter der Weltraumfahrt um in eine negative Geologie − nicht nur der Mensch, der Planet selbst, dem er sich verdankt, reduziert sich auf eine marginale, kontingente Erscheinung, eine Nichtigkeit, die ihre Vernichtbarkeit womöglich antizipiert. Die Rückkehr zu dieser Welt, so Anders, das Wiedereintreten in die Erdatmosphäre, ist nicht nur technisch das eigentliche große Problem der Raumfahrt: »Denn was wir hier beobachten: daß die Rückkehr ins Menschliche immer schwieriger wird und immer komplizierter, je weiter wir die Grenzen des Menschlichen, proportionem humanam, überschreiten, diese Beobachtung scheint eine Regel zu sein, die in der wissenschaftlichen Forschung und Technik überhaupt gilt.«[33]

Damit ist ein Hauptgedanke der Anthropologie von Günther Anders formuliert: Es sind gerade die *Triumphe* des Menschen, die ihn verschwinden lassen. Die technischen Möglichkeiten einer selbst organisierten Zerstörung der Menschheit sind dabei nicht Resultat eines extremen Mißbrauchs eines ansonsten positiven technischen Potentials, sondern nur augenfälligstes Moment einer Entwicklung, die insgesamt, auch im Frieden, die Tendenz hat, den Menschen, wo immer es geht, durch Technik zu substituieren und ihn dadurch zwar scheinbar frei, aber auch überflüssig zu machen. Die logische Konsequenz der Moderne könnte, so Anders, eine Welt ohne Mensch sein, eine Welt, in der der Mensch, bevor er tatsächlich verschwindet, aufhört, selbst Zweck zu sein, und herabgebracht wird zum Mittel für eine alles überziehende Industrie, zum Rohstoff für eine sich verselbständigende Produktionsmaschinerie: »Die Frage der philosophischen Anthropologie nach dem *Wesen des Menschen* [...], die ich auch noch aufgenommen hatte, freilich bereits, um sie radikal mit der Antwort: *Das Wesen des Menschen besteht darin, daß er kein Wesen hat* zu verwerfen, diese Frage könnte einmal, wenn der Mensch als Rohstoff ad libitum benutzt werden würde, vollends sinnlos werden.«[34]

Dies heißt aber nicht, daß Anders bei solch distanzierter Beobachtung von dem, was mit dem Menschen geschieht, stehengeblieben wäre und sich wertendes Engagement nicht überall auch zeigte. Es ist immer spürbar, daß den Formen, in denen sich der Mensch seit dem 19. Jahrhundert verändert hat, Anders mit großer Skepsis gegenübersteht, einer Skepsis, die bei der Frage nach der Antiquiertheit des Menschen als Gattung umschlägt in ein bedingungsloses Plädoyer für den Menschen. Aber man sollte vorerst doch trennen zwischen der Analyse gesellschaftlicher Prozesse auf der einen Seite und ihrer moralischen Interpretation und Bewertung auf der anderen Seite – nicht zuletzt, wenn, wie bei Anders, die moralische und politische *Praxis* oft und betont im Gegensatz steht zu den ernüchternden Ergebnissen der theoretischen Arbeit. Und nirgendwo – und damit unterscheidet sich Anders auch deutlich von anderen Kritikern des technischen Fortschritts, wie etwa Hans Jonas – ist seine Kritik am laufenden Zerstörungsprozeß motiviert und begründet aus einem metaphysischen Begriff des Menschen, um dessentwillen der zivilisatorischen Hybris Einhalt geboten werden sollte. Es ist vielleicht sogar der große Vorzug von Anders, daß seine Kritik der Barbarei vorgetragen werden konnte ohne raunende Beschwörung eines Wesens des Menschen oder eines mythischen Primats von Natur. Daß sein Engagement für die Erhaltung der Erde und der Spezies Mensch eines ist, das sich der Frage nach seiner Begründbarkeit verweigert, ist womöglich kein Defizit rationalen Argumentierens, sondern Einsicht in die Struktur des Problems, daß die Frage, warum denn Menschen sein sollen, nicht nur keine begründete Antwort bekommen kann, sondern keine verdient.[35] »Notstände«, schreibt Anders, »sind nur abschaffbar, nicht widerlegbar. Den Nihilismus widerlegen zu wollen, ist töricht. Nur Naive und Opportunisten machen sich an diese Aufgabe« — oder, anders ausgedrückt: »Die moralische Erforderlichkeit von Mensch und Welt ist selbst moralisch nicht mehr begründbar«.[36]

Diesem Befund korrespondiert auch Anders' Kritik am Sinnbegriff. Nach dem Sinn der Menschheit zu fragen, weist er zurück. In bestechender Manier analysiert er den Sinnbegriff und macht klar, daß »*Sinn haben* stets *Sinn haben für* ...« bedeutet, die Sinnfrage also eigentlich nach der Funktion einer Sache fragt: »Läuft nicht vielleicht letztlich unsere Suche nach *Sinn* auf Suche nach Dienstbarkeit hinaus, auch wenn wir diesen Sinn (weil wir ihn nicht finden) ›tief‹ nennen ...?«[37] Darüber hinaus weist Anders darauf hin, daß die philosophische Tradition fast nie nach dem »Sinn von Positivem« gefragt hatte, sondern immer nur nach dem Sinn von Leid, sich also an den Negationen des Lebens entzündete, deren »Dasein« mit dem »Willen Gottes« nicht hatte vereinbart werden können und deshalb Rechtfertigung erforderte. Die modisch gewordene Sinnfrage erweist sich also als die »säkularisierte Version der Theodizee-Frage«. Sie ist die »getarnte Rechtfertigungsfrage des Atheisten«.[38] Will man keinen Gott annehmen, der mit den Menschen etwas »im Sinn« haben könnte, gibt es keine vorgeordnete Bestimmung oder Funktion des Menschen. Mit dem »Tod Gottes« sei auch der »Tod des Sinns« zu proklamieren — wir sind »Nichtgemeinte«, die »ungesteuert durch den Ozean des Seienden treiben«.[39] Nicht darin allerdings wurzelt nach Anders das Sinnlosigkeitsgefühl unserer Epoche, sondern darin, daß dem Menschen das, was wirklich Sinn hätte, nämlich für selbst entworfene Ziele zu leben, durch die Struktur von Gesellschaft und Arbeitswelt verwehrt wird. Sinn-Therapien bestätigen und verfestigen nur diesen Zustand, indem sie Sinn versprechen, wo keiner ist. Sinn wird dabei »künstlich« hergestellt — ein Betäubungs- und Ablenkungsmanöver.[40] Unter Bedingungen allerdings, in denen »der letzte Sinn eines bescheidenen Handgriffs *Genozid* heißen kann«, weigert sich Anders, nach dem letzten Sinn der Menschheit zu fragen: »Erkennen wir als letzten Sinn eines Produkts, an dem wir mitarbeiten, die Vernichtung der Menschheit, dann wissen wir, was wir zu tun, bzw. zu unterlassen haben. Die weitere Frage, etwa die, welchen Sinn es haben solle, daß es eine Menschheit gebe und nicht vielmehr keine, ist höchstens im Bereich der theoretischen Vernunft sinnvoll (auch wenn unbeantwortbar), für die *praktische Vernunft* dagegen *uninteressant*. Den Moralisten geht sie nichts an. Er begnügt sich mit dem Vorletzten.«[41]

III. Die prometheische Scham —
der Mensch und seine Geräte

Es gehört wohl zu den Seltsamkeiten der Kulturkritik der letzten Jahrzehnte, daß im Gegensatz zu anderen Begriffsbildungen, etwa aus dem Umkreis der Frankfurter Schule, die bald zum Allgemeingut und Schlagwort entwertet worden waren, jene Termini, mit denen Günther Anders die Ergebnisse seiner Beobachtungen und Analysen präzis benannte, kaum je ins allgemeine Bewußtsein gedrungen sind. Das hat ihnen — weil der Inflationierung durch Gebrauch entgangen — zweifellos eine bestimmte Schärfe bewahrt. Trotzdem stellt sich die Frage, ob ihre mangelnde Akzeptanz in ihrer Unstimmigkeit oder im Abwehrverhalten der Adressaten wurzelt.

An einem der zeitlich frühesten Punkte, an dem die Reflexionen von Anders über das Verhältnis des Menschen zur Welt seiner Produkte greifbar werden, läßt sich auch einiges über die Rezeptionsschwierigkeiten dieser Überlegungen zeigen. Im Rahmen eines im Sommer 1942 in Los Angeles von Max Horkheimer und Theodor W. Adorno initiierten Seminars über eine »Theorie der Bedürfnisse« referierte Anders einige Thesen über Bedürfnis und Kultur. Darin hieß es unter anderem: »Künstlichkeit ist die Natur des Menschen. D.h. die Nachfrage des Menschen überschreitet ab ovo das Angebot der Welt. Der Mensch muß sich die bedürfnisstillende Welt selbst herstellen. [...] die Künstlichkeit des Menschen steigert sich dadurch, daß er Produkt seiner eigenen Produkte wird. Da er, besonders in einer Wirtschaft, die nicht den Bedürfnissen der Menschen, sondern des Marktes sich anmißt, den Anforderungen seiner eigenen Produkte nicht gewachsen ist, entsteht eine Differenz, ein *Gefälle*, zwischen Mensch und Produkt.«[1]

Die Diskussion, die sich an dieses Referat anknüpfte und an der auch Brecht und Eisler teilnahmen, klammerte den oben zitierten Aspekt völlig aus und konzentrierte sich bald auf die Frage nach dem Schicksal des kulturellen Erbes in einer sozialistischen Gesellschaft.[2] Die Differenz zwischen Mensch und Produkt war 1942 kein Thema — trotzdem, oder vielleicht gerade deshalb, sollte festgehalten werden, daß diese Thesen von Anders im Keim nicht nur seine negative Anthropologie, sondern auch Ansätze zu einer Philosophie des technischen Zeitalters enthielten, die, weitergetrieben, auch einen Beitrag zur Analyse und Kritik des Faschismus hätten leisten können. Das Gefälle zwischen Mensch und Produkt wird Anders dann »prometheisch« nennen und zu einem Kernstück seiner Überlegungen machen: »*Wir sind invertierte Utopisten.* Dies also ist das Grund-Dilemma unseres Zeitalters: *Wir sind kleiner als wir selbst,* nämlich unfähig, uns von dem von uns selbst Gemachten ein Bild zu machen. Insofern sind wir *invertierte Utopisten*: während Utopisten dasjenige, was sie sich vorstellen, nicht herstellen können, können wir dasjenige, was wir herstellen, nicht vorstellen.«[3]

Mit diesen Sätzen ist das zentrale Motiv der Philosophie von Günther Anders benannt, die durch die technische Entwicklung entstandene Diskrepanz zwischen Vorstellen und Herstellen: »In der Tat sind ja fast alle meine späteren Schriften nur Variationen über dieses Grundthema der Diskrepanz.«[4]

Seit das Werkzeug als Verlängerung und Verbesserung menschlicher Organe durch die Maschine und deren Eigendynamik ersetzt wurde, wird diese Diskrepanz von entscheidender Bedeutung: »In dem Augenblick, in dem die Geräte durch die Maschinen abgelöst wurden, hat die Antiquiertheit des Menschen begonnen.«[5] Was bei Marx noch ein akzidenteller Aspekt der bürgerlichen Produktionsweise gewesen war[6], wird bei Anders zum entscheidenden Moment; daß die Eigendynamik der Maschine, ihr Energiefluß, der sie vom einzelnen Menschen unabhängig macht, nicht nur ihren Rhythmus dem Arbeiter aufzwingt, sondern daß die Kapazitäten dieser Maschine die des menschlichen Arbeiters bei weitem übersteigen. Das »prometheische Gefälle« bezeichnet eine »täglich wachsende A-synchronisiertheit des Menschen mit seiner Produktewelt« auf mehreren Ebenen: als Gefälle zwischen »Machen und Vorstellen«, zwischen »Tun und Fühlen«, zwischen »Wissen und Gewissen«, und als das – Anders betont es besonders – zwischen dem produzierten »Gerät« und dem »Leib« des Menschen.

Auf diese Differenz zielt wohl ein Gutteil von Anders' Arbeit: Darauf, sich dieses Gefälle zwischen *Herstellen* und *Vorstellen* tatsächlich bewußtzumachen, es im tiefsten Sinne zu begreifen. Daß weder quantifizierende Beschreibungen noch rein empirische Bestandsaufnahmen dazu ausreichen, ist für Anders der Ausgangspunkt seiner Forderung, daß es so etwas wie eine reflektierte Phantasie erforderte, eine Imaginationskraft, die genau jenes Vorstellen ermöglicht, dem sich die pure Vorhandenheit der Geräte verweigert. Die phänomenologische Analyse, die die Struktur und die immanenten Konsequenzen der Geräte aufweist, stellt dazu eine methodische Voraussetzung dar. Diese selbst wird aber, wie Anders erst jüngst formulierte, durch eine gleichermaßen parallel geschaltete Differenz von *Herstellen* und *Sprechen* unterlaufen: »Offenbar gibt es nicht nur die Diskrepanz zwischen unserer unzulänglich bleibenden ›*Vorstellung*‹ und der enormen Größe dessen, was wir ›*herstellen*‹ können, also nicht nur jene Diskrepanz, die ich vor Jahrzehnten das ›*prometheische Gefälle*‹ genannt hatte, sondern auch *ein Gefälle zwischen der zurückbleibenden Sprache und Enormität unserer* ›*Werke*‹; *der Enormität, die wir eigentlich zur Sprache bringen müssen* — womit ich meine, daß wir, *wenn* uns das nicht gelingt, verloren sein könnten; oder daß wir, *weil* uns das nicht gelingt, Verlorene *sind*.«[7] Da für Anders die Fähigkeit des *Fühlens* und die Imaginationskraft an *Sprache* gekoppelt sind — was wir nicht formulieren können, können wir auch nicht erleben[8] — muß die noch im ersten Band der *Antiquiertheit* vorgeschlagene Strategie revidiert werden. Damals hatte Anders als ersten Schritt ein »Exerzitium« gefordert, eine konzentrierte »Ausbildung der moralischen Phantasie«, die es möglich machen sollte, die Diskrepanz zwischen Vorstellen und Herstellen zu überwinden und die tatsächlichen Folgen unseres Tuns kognitiv und emotional zu antizipieren, aber auch das Gefühl für die Wahrnehmung des Undenkbaren zu schulen.[9] Dazu allerdings bedürfte es einer förmlichen Einübung, handelt es sich doch um »Überdehnungen« der gewohnten Phantasie und der alltäglichen Gefühlsleistungen.[10] Später schien Anders die Differenz von Herstellen und Vorstellen fundamentaler, nämlich nahezu als eine anthropologisch verankerte zu bestimmen: »Unsere conditio humana besteht nicht so sehr [...] im Hinterherzockeln, im Zurückbleiben unserer Phantasie hinter unseren technischen Leistungen; sondern umgekehrt in der Fähigkeit (zu der wir sogar verurteilt sind), unsere emotionale und imaginative ›proportio humana‹ zu übersteigen.«[11] Die schon in seinen ersten Entwürfen zur Anthropologie formulierte Notwendigkeit des Menschen, sich eine künstliche Welt zu schaffen, schlägt hier um in eine supponierte prinzipielle Inadäquanz der psychischen und kognitiven Grundstruktur menschlichen Daseins gegenüber diesen künstlichen Welten.

Allen Gefällen gemein ist ihre Struktur des »Vorsprungs«: Dem Menschen bleibt nur die Möglichkeit, den durch die Geräte gesetzten Faktizitäten »nachzuhumpeln«.[12] Diese Bestimmung des prometheischen Gefälles hat die weitreichende Konsequenz, daß Technik bzw. das sie repräsentierende Gerätesystem kein neutrales Mittel darstellt, das der Mensch nach Gutdünken für unterschiedlichste Zwecke, moralisch-politisch erwünschte wie auch unerwünschte, einsetzen kann. Das bedeutet, daß die Ergebnisse der Anwendung von Technik keineswegs abhängig sind vom Gesellschaftstyp, in dem diese zum Einsatz kommt, sondern daß durch die Vorgabe der Geräte ihre Form der Anwendung schon festgelegt ist. Technik ist nicht wertneutral: »Es ist durchaus denkbar, daß die Gefahr, die uns droht, nicht in der schlechten Verwendung von Technik besteht, sondern im Wesen der Technik als solcher angelegt ist.«[13] Dadurch, daß die Geräte längst nicht mehr als einzelne Instrumente existieren, sondern zu einem Gerätesystem zusammengeschlossen worden sind, das wieder andere Systeme zur Folge hat, ist, wie Anders formuliert, jedes Gerät bereits seine Verwendung.[14] Das unterscheidet den modernen Typus von Maschinerie auch entscheidend von früheren Umgangsformen mit Geräten.

Der Aufforderungscharakter, gebraucht zu werden, mag zwar jedem Gerät inhärent sein — aber erst die Vernetzung von Geräten macht diese Aufforderung zwingend und unausweichlich. Das individuelle Verhältnis zwischen Mensch und Werkzeug wird vergesellschaftet. Das Gerät spielt so immer schon, durch seine spezifische Arbeitsweise, eine »soziale, moralisch und politisch präjudizierte Rolle«.[15] Was euphemistisch und ideologisch als Siegeszug einer Erfindung gefeiert wird, man denke an das Automobil oder an den Computer, entwickelt eine eigentümliche Form von Dialektik: Spezifische ökonomische, soziale und politische Verhältnisse produzieren Maschinen, die ihrerseits spezifische ökonomische, soziale und politische Veränderungen nach sich ziehen. Das Ineinander von Gesellschaft und Maschinen nimmt allerdings eine Intensität an, die diese Differenz selbst marginal erscheinen läßt: »Der Triumph der Apparatewelt besteht darin, daß er den Unterschied zwischen technischen und gesellschaftlichen Gebilden hinfällig und die Unterscheidung zwischen den beiden gegenstandslos gemacht hat«.[16] Aus diesen Überlegungen heraus fordert Anders eine »Soziologie der Dinge«, die diesen neuen Typ von Sozietät zu analysieren hätte: »Wenn es eine *Soziologie der Dinge* gäbe, dann würde deren Axiom lauten: *Es gibt keine Einzelapparate.* Vielmehr ist jedes ein *zoon politikon;* und außerhalb seiner *Gesellschaft,* als bloßes Robinson-Ding, bliebe jedes untauglich. Das Wort *Gesellschaft* bezeichnet dabei aber nicht etwa nur seinesgleichen, nicht nur die Millionen von gleichzeitig funktionierenden Geräten oder deren Summe, sondern ein dem Apparat morphologisch entgegenkommendes Korrelat, eine ihn einbettende, nährende, reinigende, aus Rohstoffen, Konsumenten, Geschwisterapparaten, Abfallkanalisationen bestehende Behausung — kurz: eine *Umwelt.*«[17]

Die in diesem Zusammenhang von Anders gebrauchte Formulierung von der »Volksgemeinschaft der Apparate« hat, wie Gabriele Althaus zeigen konnte, einen erschreckend präzisen Sinn: »Nicht nur ist die Apparatewelt konstruiert nach dem Modell der Volksgemeinschaft, sondern die Volksgemeinschaft war ihrem Typus nach Apparatewelt.« Althaus weist darauf hin, daß beim nationalsozialistischen Unternehmen der Produktion von Volksgemeinschaft dem »Volksempfänger« eine besondere Bedeutung zukam: »Das Radio war es, das real versammelte Massen, die es noch massenhaft gab, überholt werden ließ, weil das Radio bereits (diese) massenhaft herzustellen vermochte.«[18]

Dieser Aspekt einer vernetzten Eigendynamik der Geräte wird, so zumindest in den entwickelten Industriestaaten, zum entscheidenden, vorantreibenden und strukturierenden Moment ihrer Entwicklung: Technik selbst, so Anders, wird zum neuen »Subjekt der Geschichte«.[19] »Die Subjekte von Freiheit und Unfreiheit sind ausgetauscht. Frei sind die Dinge: unfrei ist der Mensch.«[20]

Das von Anders gewählte dramatische Bild des Gefälles weist allerdings darauf hin, daß es nicht nur die strukturierende Kraft der Geräte gibt, die den Menschen universell zum Anhängsel seiner Maschinen macht, er sich nach deren Bedingungen richten, in deren Grenzen zurechtfinden muß, sondern auch, daß diese − wie es üblicherweise nobel formuliert zu werden pflegt − *Sachzwänge* emotional und kognitiv nicht mehr bewältigt oder gar durchschaut werden können. Ein prometheisches Gefälle meint letztlich, daß der Mensch gegenüber den Arbeitsweisen und Effekten seiner Geräte geistig und seelisch blind geworden ist. Die Ergebnisse der Maschinenaktivität − im schlimmsten Fall etwa der Tötungsmaschinerien − können sowenig vorgestellt werden, wie der Leib den Anforderungen der Maschinerien reibungslos genügen kann. Als mangelhaft wird bei dieser Symbiose immer der Mensch empfunden: *Menschliches Versagen* ist die Standardformel geworden, mit der das Ungenügen des Menschen gegenüber der Perfektibilität der Maschine verurteilt wird.

Die »Soziologie der Dinge« wäre demnach zu komplettieren — Anders scheut sich nicht, die Sache beim Namen zu nennen — durch eine »Dingpsychologie«[21], die Beschreibung und Analyse der emotionalen Beziehungen zwischen Mensch und Maschine, »womit freilich nur gemeint sein kann: die Art, in der wir uns von unseren Dingen behandelt vorkommen«.[22] Im Gegensatz zur Rolle, die die Beziehungen zu Dingen und Apparaten in der herkömmlichen, vor allem tiefenpsychologischen Interpretation spielen — nämlich eine therapiebedürftige Ersatzbefriedigung ursprünglicher Motive zu sein —, ist das emotionale Verhältnis zwischen Mensch und Maschine für Anders selbst ein authentisches — vielleicht *die* authentische Beziehung unseres Zeitalters. Wer sein Auto mehr liebt als eine Frau, lieber mit einem PC kommuniziert als mit einem Menschen, wäre also nicht gestört, sondern wahrhaft Zeitgenosse. Beziehungen zwischen Menschen, wenn nicht wenigstens ein technisches Medium dazwischengeschaltet ist, scheinen antiquiert zu sein. Das Verhältnis zwischen Mensch und Maschine als »soziale Beziehung« zu deuten, wie es Anders vorgeschlagen hatte, dürfte in ersten Ansätzen in die aktuelle Diskussion Eingang gefunden haben: »Ohne eine Aufhellung der inneren Beziehung zwischen Mensch und Technik laufen sämtliche Spekulationen über die Schuld oder Unschuld der Technik oder des Menschen und über die Möglichkeiten einer anderen besseren Anwendung von Technik ins Leere.«[23]

Der Leib — und mit der Zunahme von künstlicher Intelligenz, muß man heute wohl hinzusetzen, auch der Geist — bleibt allerdings nicht nur hinter den Geräten zurück, er wird auch nach deren Bedürfnissen produziert und reproduziert: »Was aus dem Leib werden soll, ist also jeweils durch das Gerät festgelegt; durch das, was das Gerät verlangt«.[24] Produktion des Leibes meint dabei nicht nur die Anpassung des Körpers und seiner Funktionen an die Mechanismen der Maschinerie durch Gewöhnung und Training, Erziehung und Konditionierung, sondern in letzter Konsequenz auch die chirurgische und die genetische Veränderung des Körpers: »Die Experimente des *Human Engineering* sind wirklich die Initiationsriten des Roboterzeitalters.«[25]

Diese Analyse von Günther Anders trifft sich auf eigenartige Weise mit den Phantasmen des Stanislaw Lem, den Anders übrigens einmal einen der authentischen Philosophen des technischen Zeitalter genannt hat[26]: »Der Mensch ist heute das unzuverlässigste Element an den von ihm geschaffenen Maschinen und zugleich das — in mechanischer Hinsicht — schwächste Glied in den von ihm in Gang gesetzten Prozessen«, schreibt Lem in der *Summa technologiae*.[27] Und Lem spielt dann ein paar Möglichkeiten durch, Menschen mit technischen Versatzstücken zu verbessern und zu »rekonstruieren«, so daß dieses Gefälle zwischen Mensch und Maschine wenigstens einigermaßen ausgeglichen werden kann, der Mensch also hinter den Möglichkeiten seiner Maschinen nicht völlig zurückbleibt[28] — Phantasien, die von der Wirklichkeit sukzessive eingeholt werden könnten.[29]

Günther Anders ist allerdings- wie schon angedeutet — weit davon entfernt, diese Veränderungen des Menschen deshalb zu kritisieren, weil damit ein metaphysischer Wesensbegriff des Menschen oder eine ominöse Natürlichkeit verletzt würden: »Keine Position liegt mir ferner als die des *metaphysischen Ethikers*, der das Seiende, weil es so ist, wie es ist, als *gut*, als *gebotenen status quo* betrachtet. [...] Die Chancen für eine *metaphysische Moral* sind längst verspielt«.[30] In diesem Zusammenhang ventiliert Anders einen Gedanken, der gerade im Rahmen der aktuellen Diskussion um die Grenzen und Gefahren gentechnologischer Experimente und Perspektiven Aufmerksamkeit verdiente: »Nein, grundsätzlich neu und unerhört ist die Alterierung unseres Leibes nicht deshalb, weil wir damit auf unser ›morphologisches Schicksal‹ verzichten oder die uns vorgesehene Leistungsgrenze transzendierten, sondern weil wir die Selbstverwandlung unseren Geräten zuliebe durchführen, weil wir diese zum Modell unserer Alterierungen machen; also auf uns selbst als Maßstab verzichten und damit unsere Freiheit einschränken oder aufgeben.«[31]

Anders kritisiert die Anpassung des Menschen an die Bedürfnisse der Technik, gerade weil er an dem Satz des Protagoras, nach dem der Mensch das Maß aller Dinge sei, festhält. Damit steht er quer zu all jenen, die gerade die Hybris des Protagoras etwa für die Zerstörung der Natur verantwortlich machen wollen. Wenn die ökologische Krise allerdings Resultat einer sich verselbständigenden Technologie und der dazugehörigen Ökonomie (oder umgekehrt) sein sollte — wofür einiges spricht —, dann bezeichnet eine paradoxe Formel von Anders tatsächlich den Kern des Problems: »Hybride Demut« nennt er die »angepaßte Selbsterniedrigung« des Menschen vor seinen Geräten — und genau diese will er verurteilen.[32] Natürlich ließe sich fragen, ob der Begriff der Freiheit als Maßstab für Menschengemäßheit tatsächlich praktikabler ist als der metaphysische Wesensbegriff oder ein neumythischer Naturbegriff — von der Frage der philosophischen Argumentierbarkeit einmal abgesehen. Aber neuere Debatten um eine »Gen-Ethik« scheinen zu zeigen — ohne daß auf Anders dabei verwiesen würde —, daß Kategorien wie Autonomie oder Freiheit tatsächlich nicht nur theoretisch stringenter als eine neue Metaphysik sind, sondern auch ein politisch angemesseneres

Kriterium für Entscheidungen in diesem sensiblen Bereich abgeben könnten.[33]

Neben der Inferiorität des Menschen vor der Maschinerie aufgrund mangelnder physischer und psychischer Adaptionsfähigkeit konstatiert Anders noch eine »zweite Inferiorität«: Dem Menschen mangle es an der »industriellen Re-inkarnation«, an der »Serienexistenz der Produkte«. Der Mensch ist, gemessen am Standard seiner Produkte, als Einzelner unwiederruflich und sterblich. Anders spricht deshalb von der »Malaise der Einzigartigkeit«.[34] Er unterstreicht, daß das »Credo jeder Humanität«, die Unersetzbarkeit des Individuums, im Zeitalter serieller Produktion als eklatanter Mangel empfunden werden muß. Individuation, die Selbstbegegnung, in der der Mensch sich als unverwechselbar erkennt, widerfährt ihm im Vollzug der Maschinenbedienung nur dann, wenn die Arbeit nicht mehr reibungslos abläuft, sondern »schlagartig mißlingt«: Das Ich begegnet sich – aber als Versager.[35] Allerdings, so könnte man einige Entwicklungen der letzten Jahrzehnte zusammenfassen, wird an der Beseitigung dieser Malaise der Einzigartigkeit heftig gearbeitet. Anders selbst zumindest bemerkte eine zunehmende »Antiquiertheit des Individuums«, bedingt durch die Gleichschaltung der Bewußtseinsstrukturen durch den »sanften Terror« der Unterhaltungsindustrien, der auf einen Konformismus als Gesellschaftsform abzielt.[36] Nimmt man noch die Vereinheitlichung der Arbeit und die gentechnische Perspektive asexueller Reproduktion des Menschen hinzu, so könnte dies auch als Bestätigung einer Tendenz gewertet werden, Endlichkeit und Einzigartigkeit sukzessive außer Kraft zu setzen. Die in der Postmoderne gerne gehaltene Rede vom »Tod des Subjekts« – was immer vom Standpunkt einer Bewußtseinsphilosophie auch theoretisch dagegen eingewendet werden kann[37] — hat ihre polit-ökonomische und psycho-soziale Korrespondenz. Auf Subjektivität als kritischen Faktor zu setzen, kann sich wirklich nur mehr auf die einmal von Günther Anders geäußerte Vermutung stützen, daß wir »unfähig« seien, beim Prozeß des »Ruiniertwerdens« ganz mitzukommen: »Nicht unserer Stärke verdanken wir das also, sondern ausschließlich unserer Schwäche«.[38] Ein Indiz, der Malaise der Einzigartigkeit gleichsam privatim zu entgehen, sieht Anders übrigens in der verbreiteten Sucht, alles und jedes mit Hilfe eines Fotoapparates im Bild festzuhalten und sich damit prinzipiell permanent reproduzierbar zu machen. »Ikonomanie« — Bildsucht nannte er dieses »Schlüsselphänomen« unseres Zeitalters, das eine suggestive Als-ob-Unsterblichkeit, am deutlichsten vielleicht bei den Filmstars ausgeprägt, verspricht.[39]

Aber die allgemeine emotionale Reaktionsweise des Menschen auf die zunehmende Perfektion seiner Produkte ist — dies ein zentraler und umstrittener Gedanke — eine spezifische Form von Scham. Auch diese nennt Anders prometheisch: Der Mensch kann nicht mehr stolz sein auf seine Geschöpfe, auch nicht der Trotz, der noch Goethes Prometheus auszeichnete, ist für ihn charakteristisch, sondern die »Scham vor der *beschämend* hohen Qualität der selbstgemachten Dinge«, die nach Anders sogar umschlagen kann in die existenzielle Scham, »geworden, statt gemacht zu sein«.[40]

Um dem Begriff der »prometheischen Scham« gerecht zu werden, ist es notwendig, überhaupt auf Günther Anders' Analyse der Scham zu verweisen. Das Phänomen der Scham hatte ihn offensichtlich von Anfang an beschäftigt. In dem Vortrag über die *Weltfremdheit des Menschen* von 1930 hatte er die Scham als das »existentielle Korrelat« des Freiheitsparadoxons beschrieben. Scham ist die Reaktion eines Subjekts, das sich als kontingent, als zufällig erkennt und doch akzeptieren muß, daß es einen Ursprung hat, für den es nichts kann: »Scham ist vor allem Scham vor dem Ursprung.« Damit ist Scham aber nichts als Ausdruck einer »Inkongruenz«, die darin besteht, »daß man durch Freiheit sich als *ausgerechnet ich*, als Mitgift erhält, ohne daß man diese Mitgift frei gewählt hätte.«[41]

In der 1946 entstandenen, aber erst 1987 publizierten heiter-besinnlichen Verserzählung *Mariechen. Eine Gutenachtgeschichte für Liebende, Philosophen und Angehörige anderer Berufsgruppen* hat Günther Anders dann weitere Hinweise auf diese Struktur von Scham gegeben: »Denn der Schämende bezeugt halt / das Mißlingen des Versuchs, /mit sich selber eins zu werden«.[42] In einer Tagebuchaufzeichnung vom 22. Februar 1949 gibt Anders dann der spezifisch sexuellen Scham eine dialektische Wendung: »Das Eigentümliche, eben der *hegelsche Zug* am Sexus, besteht darin, daß gerade das, was uns gemein ist, was uns eint (das Geschlecht), als das Private, ja das Privatissimum gilt«.[43] Das Individuum schämt sich also seines nicht-individuellen Teils und macht diesen zum unsichtbaren, zum privatesten Teil, den es dann auch »die Scham« nennt. Die in diesen Überlegungen immer schon angedeutete Identitätsstörung wird für Anders zum Mittelpunkt seiner phänomenologischen Analyse des Schamgefühls. Drei Momente kennzeichnen danach das Wesen der Scham: 1. ein Selbstbezug, der »grundsätzlich scheitert«, Scham ist immer eine »Verstörtheit« sich selbst gegenüber. 2. Scham ist von einer »Doppelintentionalität« gekennzeichnet, sie ist nicht nur dem auslösenden Gegenstand — dem Makel — zugewendet, sondern immer auch der darüber urteilenden Instanz, *vor* der man sich schämt, die Scham enthält immer auch ein »coram«. 3. Scham ist auch »negativ intentional«, weil das Ich des Schämenden die Instanz eigentlich fliehen will, aber nicht fliehen kann: »(Das Ich) sieht nicht nur, es wird auch gesehen; es intendiert nicht nur, es wird auch intendiert.« Der sich Schämende ist immer einer, der gesehen wird, aber nicht gesehen werden will.[44]

In der Scham, so Anders resümierend, erfährt sich der Mensch als etwas, was er nicht ist, aber auf unentrinnbare Weise doch ist.[45] Die Scham entsteht in dem Augenblick, in dem der Mensch erkennt, daß etwas an ihm ist, das er nicht sein will, es aber trotzdem vor anderen – dem Tribunal – vertreten muß: Der Bucklige schämt sich seines Buckels. Aber, so Anders in einer erhellenden Wendung: »Nicht obwohl, sondern weil er nichts dafür kann, schämt sich der Bucklige des Buckels.«[46] Das »Es«, dessen wir uns schämen, ist – umfassender als im Freudschen Sinne – tatsächlich alles, was nicht dem Ich entspringt oder seiner Kontrolle unterliegt – »ontologische Mitgift«. Ihre Unausweichlichkeit ist ein zusätzliches Moment von Scham, »sich schämen bedeutet also: nichts dagegen tun können, daß man nichts dafür kann«.[47] Um zum Ausgangspunkt der Analyse der Scham zurückzukehren: Wer sich seiner Geschlechtlichkeit schämt, schämt sich der Unausweichlichkeit des Gattungsmäßigen, des Vorindividuellen an sich.

Auch wenn man dieser, zum Teil vielleicht verblüffenden Deutung zustimmt, scheint es doch gewagt zu sein, das Verhältnis des Menschen zu den von ihm konstruierten und bedienten Geräten mit dem Begriff der Scham beschreiben zu wollen. Dies gelingt Anders auch nur, indem er den Apparat, die Maschinerie, in der der Mensch als Gerät mitfunktioniert, als Teil des »Es« interpretiert. Dieses »Apparat-Es«[48] muß förmlich in den Leib inkorporiert sein, um im Moment des jähen Schreckens als fremder Teil seines Selbst, der man ist und nicht ist, empfunden zu werden und darüber Scham entstehen zu lassen — Scham vor den anderen Menschen, die dieses Verhältnisses gewahr werden könnten, und Scham vor dem Gerät selbst, das höhnisch auf jenen zu blicken scheint, der sich in seiner Differenz zum Gerät schämend begegnet, weil er im Vergleich mit diesem versagen mußte. Entweder, so Anders mit Verweis auf Charlie Chaplins *Modern Times*, entdeckt sich der Mensch in diesem Akt als Teil eines Geräts, oder aber, er, der Gerät sein will, entdeckt sich als maschinennonkonformes Ich: »Im ersten Fall begegnet das Ich sich als Es; im zweiten das Es sich als Ich.« Beide Formen der Identitätsstörung produzieren so nach Anders die prometheische Scham.[49]

Es ist nicht uninteressant, daß Günther Anders diese Internalisierung des Apparats, Bedingung und Ursache der prometheischen Scham, an einem Phänomen der Musikkultur zu demonstrieren suchte, am Jazz. Jazz ist für Anders Moment einer säkularen »Industrie-Religion«, »ekstatische Opfertänze, die dem Baal jeder Maschine zu Ehren kultisch zelebriert werden«.[50] In seinen Synkopen symbolisiert sich die »pausenlose und nicht lockerlassende Obstinatheit, mit der die Maschine dem Rhythmus des Leibes ins Wort fällt«.[51] Diese Deutung des Jazz — für Anders wohl noch ein Sammelbegriff für Popular Music — erlaubt ihm einige grundsätzliche Bemerkungen zur Differenz von E- und U-Musik überhaupt, die nicht nur auf seine Passion für Musikphilosophie verweisen, sondern auch kritisch gegen jene Auffassung gehalten werden können, die aus einem falschen Emanzipationsdenken heraus die Trennung von sogenannter E- und U-Musik überhaupt aufgehoben haben möchte: »Es gibt nichts Unernsteres als die Wirkung ernster Musik. Nichts Ernsteres dagegen, daß heißt: nichts Folgenschwereres, nichts Gefährlicheres, nichts Zerstörerischeres als den Effekt dieser so gerne als ›unernst‹ abgefertigten. Denn diese stellt eben einen wirklichen Eingriff dar, [...] weil die Seinsart, in die sie die Menschen hineinsteigert, eben die der Maschine ist.«[52]

Der »motorische Mitvollzug«, ansonsten immer als Apologie stampfender Rhythmen zitiert, wird hier radikal als Symbol und Symptom der Selbstangleichung des Menschen an seine Maschinenwelt kritisiert. Ähnliches hatte auch Adornos umstrittene Deutung des Jazz enthalten: »Der Jazz entwirft Schemata eines gesellschaftlichen Verhaltens, zu dem die Menschen ohnehin genötigt sind.«[53] Die Angleichungen an die Bewegungsgesetze der Maschine sind nach Anders letztlich Formen der »Selbstverdinglichung«, deren Anfang für ihn schon in der Tendenz spürbar ist, den eigenen Körper als ein zu bearbeitendes Ding aufzufassen, ihn herzurichten. Das Make-up ist demnach eine Form von Selbstverdinglichung, »denn als *nackt* gilt heute nicht mehr der unbekleidete Leib, sondern der unbearbeitete.«[54]

Die Entdeckung und Analyse der »prometheischen Scham« läßt einige Konturen erkennen, die sich in den weiteren Analysen der technischen Zivilisation verdeutlichen werden, auch dann, wenn, wie Günther Anders später einräumte, dieses Gefühl der Scham nicht in dem Maß im alltäglichen Umgang mit Maschinen aufzutreten pflegt, wie er ursprünglich vermutet hatte: »Vielleicht muß ich also diese Scham-These revozieren. Nicht revoziere ich hingegen, daß auch dann, wenn Scham dieser Art nicht verspürt werden sollte, das vorliegt, was die englische Sprache *shame* nennt: nämlich eine Schande.«[55]

Die strukturelle Überlegenheit der Geräte führt natürlich auch zu Effekten, die allgemein bekannt sind und begrüßt werden, zur Erleichterung der Arbeit, zu tendenzieller Freiheit von der Arbeit. Arbeit selbst, wie Anders formuliert, wird ebenfalls eine antiquierte Kategorie. Aber auch diesem Prozeß steht er skeptisch gegenüber. Abgesehen von der dadurch mitbedingten möglichen Massenarbeitslosigkeit ist für Anders die Arbeit im automatisierten Produktionsprozeß behaftet mit Momenten von Inhumanität, die er sogar für gravierender hält als die Brutalitäten der frühkapitalistischen entfremdeten Arbeit — denn Arbeit reduziert sich auf *Warten* (im Wortsinn), der Arbeiter wird zum »Objekthirten«: Selbst der Schweiß bleibt ihm mißgönnt.[56] Er wartet, dies für Anders ein weiteres Negativum, daß etwas nicht eintrete — der Defekt. Ein Telos der Arbeit, ein Ziel, ein Plan, eine Tätigkeit — all das verschwindet: »Die Frage ist nicht mehr die, wie man die Früchte der Arbeit gerecht verteilt, sondern wie man die Konsequenzen der Nicht-Arbeit erträglich macht.«[57]

Die psychischen und physischen Defizite der automatisierten Arbeit müssen also kompensiert werden — und eine der größten Kompensationsmaschinerien ist der Sport. Anders umriß in diesem Kontext schon vor Jahren die Konturen einer Philosophie des Sports, an die zu erinnern gerade in einer Zeit, in der ein zunehmendes, auch philosophisches Interesse am Phänomen des Sports zu beobachten ist[58], durchaus geboten erscheint. »Je anstrengungsloser Arbeit wird, desto mehr muß der Mensch, der *wesensmäßig* für Arbeiten gebaut ist, seine absolut unverzichtbare Anstrengung und die dazu gehörige, ebenso unverzichtbare, *voluptas laborandi* nachholen; er muß diese also in seine Freizeit verlegen.«[59]

Je leichter die Arbeit, desto schwerer wird die Bewältigung in der Freizeit. Anders weist — wie kritisch man der wesensmäßigen Bestimmung des Menschen als Arbeitenden auch gegenüberstehen mag — zumindest darauf hin, daß die Idee von Freizeit als tatsächlich freier Zeit eine Fiktion ist. Was in der Freizeit an Kompensationsleistungen erbracht werden muß, ist immer schon negativ durch die Strukturierung der Arbeitszeit vorgeprägt. All das, was dem Menschen in der Arbeit verweigert wird, körperliche Anstrengung, das Erreichen selbstgesteckter Ziele, das Kämpfen gegen eine Konkurrenz, die Auseinandersetzung mit der Natur, Identitätsbestätigungen, wird ihm im Sport ermöglicht. Sport ist »Konkurrenz fürs Volk«, schreibt Anders, und der Sport befriedigt in Form von Clubgemeinschaften in falscher Form auch noch das Bedürfnis nach Solidarität. Wo der Arbeiter am Arbeitsplatz längst solistisch und unsolidarisch agiert, wird sein »Solidaritätsdurst« durch den Verein befriedigt. Solidarisch ist er aber nicht mehr *als* Arbeiter, sondern *als* Vereinsmitglied: »Die Stiftung von falschen *als* gehört zu den wirksamsten ideologischen Manipulationen in Ost und West [...] Sport ist konterrevolutionär.«[60]

Man wird, betrachtet man die Phänomene, die gegenwärtig unter *Freizeitstreß* subsumiert werden, an diesen Ansätzen von Anders nicht vorübergehen können. Sie deuten an, daß der Mensch in seinem Freizeitverhalten nicht nur Opfer einer hemmungslosen Freizeitindustrie ist, sondern daß dieses die notwendige komplementäre, das eigentliche Problem verschleiernde Erscheinung zur Arbeitswelt ist. Was Anders, betrachtet man das Verhältnis des Menschen zu seiner Gerätewelt, dann allgemein forderte, nämlich eine Soziologie und Psychologie der Dinge, hat er selbst exemplarisch an einer der vielleicht universellsten Maschinen des technischen Zeitalters durchgeführt, am TV-Apparat.

IV. Die Welt als Phantom und Matrize — eine Phänomenologie des Fernsehens

Die Auseinandersetzung mit den modernen elektronischen Medien — vorrangig mit Rundfunk und Fernsehen — stellt einen Kernpunkt der Philosophie von Günther Anders dar. Die Analyse von Wahrnehmungsprozessen und die Frage nach der Umstrukturierung von akustischen, später visuellen Perzeptionsformen durch die dazwischengeschalteten neuen Medien stand nahezu am Beginn von Anders' damals noch intendierter philosophischer Laufbahn. Eine frühe, im Jahre 1927 publizierte Arbeit trägt den Titel *Zur Phänomenologie des Zuhörens*, und mit den *Philosophischen Untersuchungen zu musikalischen Situationen* hatte sich Anders ja in Frankfurt habilitieren wollen.

Anders' Musikphilosophie kann durchaus im Zusammenhang mit seiner späteren Medienkritik gesehen werden — denn die technisch induzierte Veränderung der von ihm analysierten musikalischen Situation wird den Anstoß zu seiner Auseinandersetzung mit Radio und später Fernsehen geben. Die *musikalische Situation* selbst ist aber nach Anders ursprünglich gerade nicht situativ bestimmt: »Musik ist notwendig stets bestimmte Unbestimmtheit [...] Zum Begriff der hier gedeuteten Musik gehört ihr jeweiliges Anderssein, ihr unendliches Weitergehen, die ›unendliche Melodie‹.«[1] Die Arbeit versucht dann, diese Situationen wenn nicht zu fixieren, so doch in ihrer Dynamik zum einen negativ zu erfassen

— als »Enklave«, »Zeitakt«, »Wiederholung« und »Stimmung« — und zum anderen positiv — als »Bewegung« und »Verwandlung«. Musik ist demnach »nicht eigentlich Medium, sondern bereits *Gegenstand*; aber dieser Gegenstand ist doch wiederum nicht in dem Sinne ›außen‹, daß man sich nun nachträglich nocheinmal auf ihn richtete. Die Subjektivität bleibt gleichsam in ihrem lebendigen Fluß, sie unterbricht sich nicht, um sich zu richten auf ..., aber sie wird geleitet von jenem objektiven Gebilde.«[2] Die Analyse mündet in eine »Phänomenologie des Tons«, deren Kernstück dem rezeptiven Moment der musikalischen Situation gewidmet ist, dem »Lauschen«. Mit dieser Kategorie hat Anders ein Phänomen benannt, das, im Gegensatz zum puren Hören, das Moment der Zeitlichkeit in der Musik — ihr »Erklingen« — in die Rezeptionsform selbst integriert: »Das Lauschen [...], das nicht auf den daseienden Ton geht, sondern dem Ertönen entgegenlauscht, bezieht sich ausdrücklich auf die Zeit.«[3] Solches Lauschen ist dann für Anders auch »*spezifische* Möglichkeit des Akustischen«, die ihr eigentliches Medium in jenem Nichts hat, »in das das Lauschen hineinlauscht«, der Stille; musikalisch gesprochen, der Pause.[4] Ohne diese, zweifellos auch von Heidegger inspirierte, Musikphilosophie nun weiterführen zu wollen, kann doch angemerkt werden, daß diese Reflexionen nicht nur viel von dem antizipieren, was später Anders' spezifische *phänomenologisch-analytische* Methode auszeichnen wird, sondern daß sie auch die Folie sind, vor der seine Medientheorie überhaupt erst entworfen werden konnte. Ob damit auch Wesentliches für die Musikphilosophie geleistet worden war, kann sich wohl erst nach der ohnehin längst fälligen Publikation dieser Schrift erweisen.[5]

Auf jeden Fall hatte Anders in dieser Zeit eine Erfahrung gemacht, die nicht nur die musikalische Situation in ein völlig neues Licht rückte, sondern ihn zu einer seiner späteren Hauptthesen inspirierte, daß die Kommunikationstechnologien *Phantome* erzeugen: »Ich wohnte damals in Drewitz, in Berlin in einer Vorstadtstraße, und aus allen Fenstern sang dieselbe Tenorstimme.«[6] Die aus diesem Anlaß entstandene Glosse *Spuk im Radio*, eine erste medienphilosophische Arbeit, wurde dann in dem von Adorno redigierten *Anbruch* publiziert. Schon in diesem Text heißt es: »Es ist höchst sonderbar und einer Interpretation bedüftig, daß Technik akzidentiell Spuk mit sich bringen kann.« Anders vermutete damals, daß »programmatische Humanität« nur dort entsteht, wo der Mensch die technischen Produkte ignoriert; dort aber, wo er sich »zu ihnen bekennt« und versucht, sich genau an diesen Schock des Spukhaften zu gewöhnen, dem »Unmäßigen innerlich sich anzumessen« trachtet, dort wird der Mensch selbst unmenschlich.[7] In seiner Studie *Über die musikalische Verwendung des Radios* hatte dann Adorno später diesen Gedanken aufgegriffen und den »Schock der Ubiquität« dafür mitverantwortlich gemacht, »daß die musikalische Erfahrung ihren emphatischen Charakter« verloren habe.[8] Daß die technische Reproduzierbarkeit von Kunst und Wirklichkeit — und damit stehen Anders und Adorno quer zu jenen Hoffnungen, die Walter Benjamin in diesen Prozeß setzte[9] — zurückschlägt auf den Gegenstand selbst und seinen Rezipienten, daß das Reproduzierte und sein Konsument negativ verändert werden, war dann eine Einsicht, die Anders vor allem am Phänomen des Fernsehens in intensivierter Form bestätigt fand.

Die im amerikanischen Exil gemachten Erfahrungen mit dem Beginn des Fernsehzeitalters — Anders erzählte gern, damals, 1948 in New York, zufällig ein paar Minuten an einer Straßenecke ferngesehen zu haben[10] — verdichteten sich zu einer phänomenologischen Analyse des Fernsehens, deren Präzision und Klarsicht die in Euphorie über das neue Medium gefallenen Zeitgenossen verstören mußte. Den Hintergrund dieser Analyse bildete aber eine implizite allgemeine Theorie des Bildes, zentrales Moment einer Reflexion, die sich bewußt wird, daß die »Hauptkategorie, das Hauptverhängnis unsres heutigen Daseins *Bild*« heißt.[11]

Die Skepsis gegenüber dem Bild ist bei Anders tief verwurzelt. In einer Tagebucheintragung spricht er — vielleicht Moment einer radikalisierten Mimesistheorie — die Vermutung aus, daß Bilder immer, auch solche, die nur »abzuspiegeln« glauben, eigentlich »vorspiegeln«; nicht nur Schein eines Seins sind, sondern Abwesendes — *auch* unterdrückte Wahrheiten — vorspiegeln: Es gibt »Menschen, denen das Wirkliche erst dann wirklich sichtbar wird, wenn sie mit dessen *Bildern* konfrontiert werden.«[12] Diese anläßlich einer Theateraufführung notierten Gedanken gewinnen der wirklichkeitserzeugenden Gewalt des Bildes einen kritisch-positiven Aspekt ab — ein Moment, das Kunst noch hätte legitimieren können. Die elektronisch erzeugten Bilder werden Anders allerdings dann dazu bewegen, seine Vorbehalte gegen das Bild mit jener Schärfe zu formulieren, die auch Bestandteil der jüdischen Tradition sein mag, der er sich verbunden fühlt, ohne je in ihr wirklich aufgewachsen zu sein oder gelebt zu haben: »Etwas hat mich von früh auf ans Judentum gebunden, und zwar ein Gebot aus dem Dekalog: Das Verbot der *Götzenherstellung* und *Götzenanbetung.* Ungeachtet der Tatsache, daß ich als Kind von früh bis spät gemalt hatte und in den Zwanziger Jahren sogar vorübergehend Louvreführer gewesen bin, ist das *Bildverbot* für mich pausenlos gültig geblieben.«[13]

Diese lebenslange Gültigkeit des Bildverbots dürfte nicht nur Anders' Bewußtsein gegenüber allen Formen wirklichkeitsentstellender Ideologien geschärft haben, sondern auch seinen Blick für eine Welt, in der Bilder immer mehr zum eigenmächtigen Substitut und Surrogat für die Wirklichkeit selbst zu werden drohen.

Im Zentrum der Reflexionen über das Fernsehen, denen Anders den präzisen Titel *Die Welt als Phantom und Matrize* gegeben hatte, steht die Frage, was denn das durch das Fernsehen gelieferte Bild eigentlich darstelle, was also das Wesen dieser Art von Bild und der ihm zugrunde liegenden Wirklichkeit ausmache. »Das Eigentümliche der durch die Übertragung geschaffenen Situation (besteht) in deren *ontologischer Zweideutigkeit.*«[14] Ontologische Zweideutigkeit heißt, daß das Fernsehbild keiner der Sphären zuzuordnen ist, in denen wir zu denken gewohnt sind: Schein oder Wirklichkeit, Abbild oder Realität. Einem gesendeten Ereignis — und das Prinzip der Live-Übertragung ist das Paradigma für diese Analyse — ist weder der reine Abbildcharakter zuzuschreiben, schon gar nicht die fiktionale Als-ob-Realität von Kunstwerken[15], also keine Form von ästhetischem Schein, aber es ist auch nicht die Wirklichkeit, das Ereignis selbst, das im Wohnzimmer statthätte. Die gesendeten Ereignisse sind »zugleich gegenwärtig *und* abwesend, zugleich wirklich *und* scheinbar, zugleich da *und* nicht da« — sie sind, so der Begriff, mit dem Anders das Essentielle des Fernsehens umreißen will, Phantome[16]: »Denn Phantome sind ja nichts anderes als Formen, die als Dinge auftreten.«[17]

Eine, beileibe nicht die einzige Konsequenz des Phantomcharakters von Sendungen ist eine merkwürdige Transformation, die mit dem stattfindet, was wir über die Welt erfahren, den Nachrichten. In stringenter Weise hat Anders klargelegt, daß das Wesen der Nachricht nicht in einem Faktum besteht, das uns übermittelt wird, sondern immer in einem — logisch gesehen — *Urteil* über ein Faktum. Nachrichten gehorchen der aristotelischen Form des urteilenden Satzes; über ein Subjekt, einen Gegenstand, ein Ereignis wird etwas ausgesagt. »Aber die Nachricht ist nicht etwa deshalb zweiteilig, weil sie ein Urteil wäre; sondern das Urteil ist zweiteilig, weil es eine Nachricht ist.«[18] Diese überraschende Umkehrung, die als Struktur des Urteils die Mitteilung über etwas Abwesendes, auf das ich trotzdem wegen der Mitteilung reagieren kann, freilegt, deutet den immanenten *pragmatischen* Aspekt jeder Nachricht an: »Der Daseinsgrund der Nachricht besteht darin, dem Adressaten die Möglichkeit zu geben, sich nach ihr zu richten.«[19] Sie muß also Urteil sein.

Die Folgen von Nachrichten für den Benachrichtigten sind aber zweideutig: Nachrichten schaffen eine Form von Freiheit, denn sie machen es möglich, über Abwesendes zu verfügen bzw. dieses einzukalkulieren — ein Machtzuwachs ist die Folge. Die Nachricht als vorfabriziertes Urteil über eine Situation gibt Macht eben über diese Situation, sie befreit von der Arbeit, sich ein Urteil erst bilden zu müssen. Andererseits aber schränkt die Nachricht den Benachrichtigten ein: Als Urteil hat die Nachricht immer nur einen Aspekt betont, in dem von einem Sachverhalt immer nur *etwas*, nie *alles* ausgesagt werden kann; von dieser Einseitigkeit, Partikularität ist der Benachrichtigte völlig abhängig, ist ihr auf Gedeih und Verderb ausgeliefert — oder, wie Anders es anschaulich formuliert: »Der Bote ist der Herr des Herrn.«[20] Der Überlegung, daß »Nachricht« ein qualitativer Begriff ist, der nicht problemlos mit dem einer wertneutralen Information gleichzusetzen ist, könnten für eine kritische Reflexion der immer wieder postulierten »Informationsgesellschaft« wahrschein-

64

lich einige interessante Aspekte abgewonnen werden. Auch scheint der Zusammenhang zwischen Informationsfluß und dadurch direkt bedingten Verhaltensänderungen in einem Informationsbegriff zu wenig berücksichtigt, der allzu wohlmeinend die souveräne Verfügung des Adressaten über die Information unterstellt.

Doch zurück zur Pointe dieser Analyse: Die ontologische Zweideutigkeit des Fernsehens bringt es mit sich, daß das, was im Bild auftaucht, die Differenz zwischen Ereignis und Abbild auslöscht, sich selbst als Unmittelbarkeit darstellt — als Faktum —, aber tatsächlich, indem es immer schon ein vorselektiver Aspekt eines möglichen Faktums ist, ein Urteil über sich enthält, also Nachricht ist. Allein schon Kameraeinstellung und Kameraführung, Bildschnitt und Bildfolge sind wertende, urteilende Verfahren. Das Fernsehbild »verbrämt« dabei die Tatsache, daß es immer schon ein bereits gefälltes Urteil darstellt: »Das Urteil drapiert sich in scheinbarer Nacktheit; es behängt sich mit dem Schmuck fehlender Prädikate.«[21] Der Konsument nimmt es als Faktum und glaubt, er kann darüber noch ein Urteil fällen. Die strukturelle Täuschung, die das Fernsehbild evoziert, macht den Konsumenten einerseits abhängig vom immer schon gefällten Urteil, nimmt ihm aber gleichzeitig die Möglichkeit, diese Abhängigkeit zu durchschauen, weil er das Urteil als Faktum wahrnehmen muß. Der Herr weiß nicht, daß der Bote sein Herr ist. Die Dialektik der *Nachricht* schlägt um in die eindeutige Herrschaft der *Nachrichtensendung* über das Bewußtsein des Sehenden. Alle wohlmeinende Kritik am Fernsehen, die mehr objektive Information will, wäre nach Anders' Analysen als naiv zu bezeichnen.

Günther Anders hat in diesem Zusammenhang auch darauf hingewiesen, daß Nachrichten und Fernsehsendungen überhaupt, gleich ob von staatlicher oder privater Station gesendet, im Prinzip *Waren* sind, die ins Haus geliefert werden, und deren Urteilsstruktur — das, was sie über sich sagen, indem sie gesendet werden — dem entspricht, was die Ware im Schaufenster über sich sagt: Sie lobt sich selbst. Die Existenz ihres Schaufensterdaseins ist schon ihre Reklame. Jede Sendung liefert, im Moment ihres Flimmerns, ihre eigene Werbung bereits mit.[22] Dieser Prozeß verstärkt sich in kurioser Weise, wenn im Fernsehen Werbung für andere Waren gemacht wird. Der an den Waren im Regal angebrachte Hinweis: »Bekannt aus der Fernsehwerbung«, ist nicht nur objektiv zynisch, sondern unterstreicht genau die von Anders frühzeitig erkannte Urteilsgewalt des Bildes. Im Bild gewesen zu sein, ist schon Qualitätsmerkmal an sich, weiter muß gar nichts mehr gesagt werden. Es ist deshalb, zugespitzt formuliert, gleichgültig, *was* im Fernsehen gesendet wird; relevant ist einzig, *daß* es gebracht wird. Die universale Tendenz des Fernsehens zur Unterhaltung ist durch diese aufmerksamkeitsheischende Struktur von Selbstwerbung schon festgelegt.

Diese innere Logik der Sendung strukturiert nicht nur das *Bewußtsein* ihrer Seher, das Fernsehen als Instrument strukturiert in verschiedener Hinsicht auch das *Verhalten* seiner Benutzer. Günther Anders hat wahrscheinlich als erster erkannt, daß das Fernsehen nicht nur ein Medium — also ein Mittler — ist, das tatsächlich eine phantomhafte Welt sui generis produziert, sondern auch eine Maschine, die einen ganz bestimmten Typ von Mensch produziert, den »Massenermiten«.[23] Die Tatsache, daß jeder Fernsehende im Prinzip allein das gleiche konsumiert wie unzählige andere auch — die Sendung mit Millionenpublikum ist und bleibt der Stolz jedes Programmachers —, führte Anders zu der These, daß jeder

Fernsehkonsument als »Heimarbeiter« besonderer Art ange-
stellt ist: Mit Hilfe dieses Apparates arbeitet er auf paradoxe
Art und Weise an der »Verwandlung seiner selbst in einen
Massenmenschen« durch seinen Konsum der Massenware,
also eigentlich durch »Muße«, und er muß für diese seltsame
Arbeit auch noch bezahlen.[24]

Die sozialen Konsequenzen dieses Produktionsvorganges
sind eklatant und überall zu beobachten. Der TV-Apparat
wird, so Anders, zum »negativen Familientisch« — er liefert
keinen gemeinsamen Mittelpunkt einer Familie, sondern erzeugt diesen »durch den gemeinsamen Fluchtpunkt«.[25] Die
Familie wird in ein »Publikum en miniature« umstruktiert,
das Wohnzimmer zum »Zuschauerraum en miniature«.[26] Die
Geräte, Fernsehen und Radio, und zu ergänzen ist heute immer auch: das Videoband, nehmen ihren Konsumenten das
Sprechen ab, berauben sie dadurch der Sprache, der »Aus-
drucksfähigkeit«, der »Sprachgelegenheit«, ja der »Sprach-
kunst«.[27] Mit dem Verlust der Sprache aber, davon ist Anders
überzeugt, ist ein Verlust der Erlebnisfähigkeit notwendig
verbunden, »weil der Mensch so artikuliert ist, wie er selbst artikuliert; und so unartikuliert wird, wie er nicht artikuliert.«[28]

Die Konsequenz dieser Reduktion von Tätigkeit auf reine
Rezeption ist, so Anders mit Schärfe und Nachdruck, die sukzessive Infantilisierung des Menschen. Er wird, im Wortsinn,
zu einem unmündigen, nicht sprechenden Wesen. »Modell
der Sinnesaufnahme ist heute weder, wie in der griechischen
Tradition das Sehen; noch wie in der jüdisch-christlichen Tradition das Hören, sondern das *Essen*. Wir sind in eine *industrielle Oralphase* hineinlaviert worden, in der der Kulturbrei
glatt hinuntergeht.«[29]

Ein Aspekt dieser Infantilisierung, der das Gesendete betrifft, besteht nach Anders in der »Verbiederung der Welt«.[30]

Das TV-Bild schafft eine spezifische Form der Distanzlosigkeit zwischen dem Rezipienten und der ins Haus gelieferten Welt: Alles wird uniform, ist gleich nah oder gleich fern, mit allem steht man, weil es ins Wohnzimmer flimmert, in einer eigenartigen »Du-auf-Du-Beziehung«, wir werden in »Kumpane des Globus und des Universums« verwandelt, eine Kumpanei, die von echter Verbrüderung oder Einfühlung in andere Lebenszusammenhänge weit entfernt ist.[31] Ganz im Gegenteil, sie kann jederzeit nicht nur umschlagen, sondern wird immer auch schon begleitet vom kindischen Gefühl, »voyeurhaft« über »Weltphantome« zu herrschen.[32] Von hier ließe sich eine konsequente Linie zu den Video- und Computerspielen ziehen, in denen dieses infantile Mensch/Welt-Verhältnis verwirklicht zu sein scheint. Die Verbiederung durch das Fernsehen, die Mischung aus distanzlosem Voyeurismus und ebenso distanzloser Kumpanei — der Psychologie tatsächlich bekannte Phänomene aus der Psychopathologie des Kindes — führt nach Anders insgesamt zu einer »Neutralisierung« aller Ereignisse, die über den Bildschirm kommen. Deren letzte Wurzel allerdings sieht er im Warencharakter der Sendungen.

Am Beispiel von durchaus avantgardistisch gemeinten Theaterstücken, die vom Fernsehen übertragen werden, wird dies verdeutlicht: »Denn durch die Tatsache der Lieferung fügen sie sich bereits in die Klasse des Anerkannten hinein, noch ehe sie von uns, dem Publikum, erkannt sind; noch ehe wir zu ihnen haben Stellung nehmen können.«[33] Die Urteilsstruktur der Sendung selbst macht das Urteil des Rezipienten zu einem unmöglichen Akt — je ernster sich die Kritik von Fernsehsendungen gebärdet, desto lächerlicher wirkt sie. Jeder Erscheinung, und dies wird zum alles vereinheitlichenden Maßstab, wird de facto »das gleiche Recht auf Genossenwerden« zugestanden — letztlich tritt alles als »fun« auf.[34] Was hergestellt wird, ist, so Anders, ein »unernster Ernst oder ernster Unernst«, ein Schwebezustand, der die Kategorien von Ernst und Unernst aufhebt. Wird einerseits das Ernste, Politik etwa, als Sendung zu etwas Unernstem — mit der News-Show als Endprodukt —, so wird umgekehrt, und darauf verwies Anders schon vor Jahrzehnten, das explizit Unernste, das reine Fernsehspiel, besonders in der Variante der Fernsehserie, zu etwas Ernstem, das Auswirkungen auf das Leben seiner Rezipienten hat, die in keinem Verhältnis zu ihrem tatsächlichen Gehalt stehen — die Anteilnahme an den Schicksalen der »Phantomfamilienmitglieder« nimmt Ausmaße an, die mitunter über die Anteilnahme an erlebten Ereignissen weit hinausgehen. Unnötig, hier auf einzelne Serien zu verweisen. Verstärkt durch die Resonanz dieser Serien in der Boulevardpresse entsteht ein Kreislauf zwischen Phantomen, der im Bewußtsein und Empfinden der Seher und Leser den Status von Wirklichkeit erhält. Die Phantomanhängerinnen und -anhänger wären dabei um ihr »Mensch-sein« betrogen, weil »Subjektivität und Welt für sie endgültig auseinandergerissen sind«.[35]

Der wirklichkeitsanaloge Status von Fernsehproduktionen, ihre Verbindlichkeit, erschöpft sich allerdings nicht in der Konstruktion ontologischer Zweideutigkeiten und ihrer massenhaft solistischen Perzeption. Es ist allerdings schon fragwürdig genug, daß etwas erst dann soziales und politisches Gewicht erhält, wenn es als Bild erscheint, das Bild gleichsam dem Sein erst sein Sein verleiht, damit also der Unterschied zwischen Sein und Schein aufgehoben oder verkehrt ist. Mindestens ebenso zu bedenken ist aber die Konsequenz, die sich aus diesem Verhältnis ableitet: »Wenn das Ereignis in seiner Reproduktionsform sozial wichtiger wird als in seiner Originalform, dann muß das Original sich nach seiner Reproduktion richten, das Ereignis also zur bloßen Matrize ihrer Reproduktion werden.«[36]

Das Fernsehbild als Abbild wirkt als Vorbild für jene Realität, die es dann wieder abzubilden vorgeben wird: »Das Wirkliche — das angebliche Vorbild — muß also seinen eventuellen Abbildungen angemessen, nach dem Bilde seiner Reproduktionen umgeschaffen werden. Die Tagesereignisse müssen ihren Kopien zuvorkommend nachkommen.«[37] Bissig charakterisiert Anders dieses Verhältnis von Fernsehen und Welt mit der Paraphrase eines Krausschen Aphorismus: »Am Anfang war die Sendung, für sie geschieht die Welt.«[38]

Seine Funktion als Vorbild erreicht das Fernsehen nicht nur durch seine bloße permanente Präsenz im Wohnzimmer. Entscheidend ist, daß das Fernsehen als Prinzip ein neues Weltverhältnis konstituiert: »Was letztlich präpariert wird, ist vielmehr das *Weltbild als Ganzes*, das aus den einzelnen Sendungen zusammengesetzt wird; und jener *ganze Typ von Mensch*, der ausschließlich von Phantomen und Attrappen genährt ist.«[39]

Daß dieser Typ, Abziehbild der Fernsehmatrize, gebildet werden kann, hat zur Voraussetzung, daß der Fernsehkonsum die ursprüngliche Identität des Menschen zerstören und eine neue zusammensetzen kann. Es liegt nach Anders im Wesen der Warenwelt überhaupt, daß sie ihre Konsumenten zerstreut — im wahrsten Sinn des Wortes auseinanderdriften läßt. In einer Welt, in der die »Simultan-Lieferung völlig disparater Elemente« normal ist, hat der Mensch als einheitliches Wesen, und sei es nur dem Anspruch nach, seinen Platz verloren. Antiquiert ist es, sich auf *eine* Sache konzentrieren und darin finden zu wollen: »Niemand findet heute etwas dabei, beim Frühstück im cartoon zu erleben, wie dem Dschungelmädchen das Messer zwischen die sexüberwölbten Rippen gestoßen wird, während ihm gleichzeitig die Triolen der Mondscheinsonate in sein Ohr tröpfeln.«[40] Das Individuum wird ein »Divisum« — zerlegt in eine Vielzahl von Funktionen, die simultan ablaufen. Funktion heißt dabei in erster Linie — Konsum. Jedes Organ will beliefert werden. Jeder Nicht-Konsum gilt dann bereits als Not. Freiheit — als Freisein vom Zwang, konsumieren zu müssen — wird mit Not identisch.[41] Erst der pausenlose Hunger nach Konsum erlaubt dann jene Strukturierung der Bedürfnisse, die dem Fernsehen seinen matrizenhaften Vorbildcharakter ermöglicht. Denn der Zerstreute befindet sich in einem Zustand »künstlich erzeugter Schizophrenie«, die in einem »horror vacui« kulminiert, in der »Angst vor Selbständigkeit und Freiheit«. Um gegen das »Nichts abgedichtet zu sein«, muß »jedes Organ besetzt sein«.[42]

Konsum, in der Freizeit betrieben, wird zur Heimarbeit[43], ein Zwang, ein Terror, dem sich kaum jemand entziehen kann und der, wie Anders später feststellen wird, nur Teil eines umfassenderen Phänomens ist, des »Verwendungsterrors«. »Durch unser Geräteuniversum sind wir in Wesen verwandelt, die dieses zu verwenden gezwungen sind«[44] — nicht durch den Willen einer bösen Macht, sondern durch die prägende Kraft, die innere Logik und die Ökonomie, in der die Geräte existieren. Es sind nicht unbefriedigte Bedürfnisse, die nach Waren schreien, sondern die Waren selbst erzeugen erst das Bedürfnis nach ihnen: »Nicht was man benötigt, hat man schließlich, sondern was man hat, das benötigt man schließlich.«[45] Diese Tatsache stellt für Anders die Klimax des am Fernsehen analysierten Matrizenphänomens dar: »Denn unsere Bedürfnisse sind nun nichts anderes mehr als die Abdrücke oder die Reproduktion der Bedürfnisse der Waren selbst.«[46] Anders scheut sich auch nicht, die Produktion von Konsumbedürfnissen als die »Moral« unseres Zeitalters zu beschreiben, zumindest die Moral als »Hilfskraft« für diese Dynamik zu diagnostizieren: »Die Maxime, der wir alle jeden Augenblick ausgesetzt sind, und die zwar wortlos, aber ohne Widerspruch zu dulden, an unser *besseres Ich* appelliert, lautet: Lerne dasjenige zu bedürfen, was dir angeboten wird! Denn die Angebote sind die Gebote von heute.«[47]

Was schon an der Analyse der prometheischen Scham verblüfft haben mag, wird auch hier deutlich: das Moment der Übertreibung, das für Anders unentbehrlich für Philosophie geworden ist. Von den Bedürfnissen der Waren zu sprechen, scheint eine unzulässige Anthropomorphisierung zu sein — allein, unter der Voraussetzung, daß der Mensch seine Bedürfnisse natürlich nicht autonom erzeugt, sondern diese strukturiert und auch konstruiert werden können, ist von einer »Plastizität der Gefühle« zu sprechen[48], die diese Rede rechtfertigen könnte. Es gehört aber auch zu den entscheidenden Prämissen von Anders, daß im schon einmal skizzierten Mensch-Maschinen-Netz — an dieser Stelle wäre zu ergänzen: Mensch-Ware-Netz — die Gegenstände nicht neutral angesiedelt sind, sondern durch ihre spezifische Präsenz tatsächlich so etwas wie Handlungsperspektiven festlegen, also Handlungsanforderungen darstellen, Verhaltensweisen einfordern. Daß eine Ware gekauft werden *will*, mag nicht unbedingt elegant formuliert sein, unterstellt aber genau jenen Seins-Modus des Produktes, der einerseits sein »Wesen« ausmacht, der andererseits aber auch als materialisiertes Resultat gesellschaftlicher Prozesse und Verhältnisse begriffen werden könnte. Genau als solche aber gewinnen die Elemente der Produkte-Welt Macht über die Seele des Einzelnen; je freier dieser sich dünkt, desto mehr beherrschen sie ihn.

Das Fernsehen stellt sich damit als ein Sonderfall der allgemeinen Warenstruktur dar, aber als ein entscheidender, denn es produziert Welt-Bilder und das Bedürfnis danach. Es prägt den Menschen nicht nur in seinen Verhaltensweisen, Denk- und Wahrnehmungsformen, die sich den Vorbildern auf dem Bildschirm angleichen, sondern es strukturiert und produziert auch jene Bedürfnisse nach Unterhaltung, Konsum und Zerstreuung, die das Fernsehen dann wieder befriedigen kann und muß. Dieser Kreislauf — ein typischer Rückkoppelungseffekt — erklärt auch, warum die Verteidiger des Fernsehens zynisch recht haben, wenn sie beteuern, es würden damit nur die Wünsche der Menschen erfüllt, und warum jene optimistischen Kritiker des Fernsehens unrecht haben, die eine qualitativ bessere Bildungs- und Kulturprogrammatik einfordern. Wenn irgendwo — dies sei als mögliche Schlußfolgerung aus Anders' Analysen angedeutet — Bildung und Kultur noch statthat, dann mit Sicherheit nicht im und nicht durch das Fernsehen.

Es hat allerdings mit der Kritik des Fernsehens etwas Seltsames auf sich. Auch — oder gerade — unter Propagandisten eines kritischen Bewußtseins stieß die Kritik der Massenmedien auf wenig Akzeptanz, wurde oft als konservative Kulturkritik abgelehnt. Den Analysen von Anders ist es ähnlich ergangen: »Nichts lieben antidemokratische Meinungsproduzenten mehr, als die Kritik der Massenmedien als Aristokratismus zu verleumden.«[49] Tatsächlich zeichnet sich dann auch etwa die Auseinandersetzung der Frankfurter Schule mit dem Fernsehen durch eine bemerkenswerte Zurückhaltung aus, denkt man etwa an Adornos Arbeiten zu dieser Frage, die merkwürdig blaß bleiben.[50] Am schärfsten ging Adorno, der Musikphilosoph, dann auch mit dem Fernsehen ins Gericht, als es um die Frage nach der Möglichkeit von Opernübertragungen ging — was prompt eine Debatte auslöste und auch Adorno eben jenem Vorwurf aussetzte, dem Anders sich gegenübersah.[51] Daneben allerdings gibt es auch eine, wenn man so will, progressive Huldigung an das Fernsehen, in der das kritische Bewußtsein sich genüßlich vom Medium Fernsehen verführen läßt und fordert, daß die gebildete Kritik endlich das »Fernsehen und seine Zuschauer zu lieben anfangen (sollte), statt es zu hassen«.[52]

Die Konsequenzen, die Günther Anders selbst aus seiner Phänomenologie des Fernsehens zog, sind, auf eine allgemeinere Ebene transformiert, umfassender und radikaler als die herkömmlicher Medientheorien. Obgleich auf den ersten Blick Ähnlichkeiten vorliegen mögen, unterscheidet sich die Phänomenologie des Fernsehens doch in wesentlichen Punkten von der Medienphilosophie Marshall McLuhans, dessen »The medium is the message« die Medien letztlich affirmiert.[53] Anders' Analysen sind aber auch analytisch wesentlich schärfer als das medienkritische Pamphlet von Neil Postman.[54] Entscheidend betont Anders immer wieder, daß es um das Ganze geht — erst das Ganze, das Fernsehen als Struktur, macht sein Wesen aus, nie eine einzelne Sendung. Sinnlos deshalb, Medienkritik als Kritik von Einzelsendungen betreiben zu wollen. Erst dieses Ganze ist »weniger wahr als die Summe der Wahrheiten seiner Teile«. Oder, wie Anders in Abwandlung des berühmten Hegelsatzes formuliert: »Das Ganze ist die Lüge; erst das Ganze!«[55] Diese Formulierung wird gelegentlich in die Nähe von Adornos »Das Ganze ist das Unwahre«[56] gerückt — wohl nicht zu Unrecht. Und dennoch: Ist dieser Satz bei Adorno eine gleichsam geschichtspessimistische Umkehrung von Hegels Ontologie, so ist er bei Anders Konsequenz einer Apparatur — die Umkehrung des Hegel-Satzes, auf den sich auch Anders bezieht, hat

74

darin eine materiale Ursache. Die Matrizenfunktion des Fernsehens macht es allerdings möglich — und dies ist vielleicht eine der ganz wichtigen Entdeckungen von Günther Anders —, daß ein Bumerang-Effekt eintreten kann: Wenn die Welt sich nach dem Bild richtet, die Wirklichkeit zum Abbild ihrer verzerrten Bilder wird — dann stimmt es plötzlich, was im Fernsehen zu sehen war. Die Lüge hat sich wahrgelogen.[57]

Ein Resultat davon ist die Antiquiertheit der Ideologie: »Wo sich die Lüge wahrlügt, ist ausdrückliche Lüge überflüssig.«[58] Die Tatsache, daß unwahre Aussagen über die Welt zu Welt geworden sind, macht jede Form einer Unterscheidung zwischen wahr und unwahr, macht jede Erkenntnismöglichkeit als solche zunichte. Der konsumierende Zeitgenosse ist Gefangener im Zirkel von Welt-Abbild-Welt'[59]: »Das Dasein in der Welt des post-ideologischen Schlaraffenlandes ist total unfrei.«[60]

An anderer Stelle hat Anders als eine Erscheinungsform dieser Unfreiheit die Tendenz analysiert, daß Sendungen während des Konsums vollständig und unwiederbringlich aufgezehrt und verzehrt werden und der Konsument unfähig ist, dieser Liquidität Herr zu werden, »Eigentümer« des Gekauften zu werden. Die Notwendigkeit der Vernichtbarkeit von Waren erscheint Anders überhaupt als Signum unseres Zeitalters. Wichtig ist diese Beobachtung auch insofern, als die Tatsache der Unmittelbarkeit und Flüchtigkeit, mit der eine Sendung vorüberzieht, ihr unerbittliches Nacheinander, einen wesentlichen Aspekt von Anders' Kritik motiviert hatte. 1979 revidierte Anders mit Hinweis auf die Erfindung des Videorecorders diese Position und interpretierte diese Erfindung als eine vom Konsumenten erzwungene, der sich gegen die Liquidierung der Welt im Bild zur Wehr setzt und dessen Protest von der Industrie verkaufsstrategisch ausgenützt wird.[61] Möglich, daß diese Revision zu wohlmeinend ist. Es bleibt aber die Beobachtung, daß das konservierte *Ereignis* eine paradoxe Struktur aufweist, die einer genaueren Analyse wohl noch bedürfte — die Verwandlung eines einmaligen Ereignisses in einen permanent reproduzierbaren Vorgang.

Im Zusammenhang mit der Analyse des Lügencharakters des Fernsehens sollte daran erinnert werden, daß Günther Anders in dem Roman *Die molussische Katakombe* eine Demaskierung der Lügenpropaganda des Nationalsozialismus versucht hatte, einer Propaganda, die mit verhältnismäßig plumpen Mitteln — wenngleich schon unter hellsichtiger Zuhilfenahme von Radio und Film — massenhaft falsches Bewußtsein herstellen mußte. Die Phänomenologie des Fernsehens ist eine erste Andeutung, die darauf hinweist, daß wir weniger in einem postmodernen als vielmehr in einem postfaschistischen Zeitalter leben — womöglich eine tendenzielle Fortsetzung faschistoider Mechanismen unter anderen Bedingungen und mit anderen Mitteln. Günther Anders hat dafür, wie noch zu zeigen sein wird, weitere Hinweise geliefert.

Im Zusammenhang mit der Phänomenologie des Fernsehens ist bedeutsam, daß Günther Anders aufgrund zweier Medienereignisse seine Thesen teilweise für revidierungsbedürftig gehalten hat: Durch die Berichte vom Vietnam-Krieg wurden Millionen von Menschen die Augen über diesen Krieg geöffnet und damit der weltweite Protest erst ermöglicht — »wahrgenommene Bilder sind zwar schlechter als die wahrgenommene Realität, aber sie sind doch besser als nichts.«[62] Und die Fernsehserie *Holocaust* war für Anders gar eine Lehre dafür, daß »nur durch fictio das factum, nur durch Einzelfälle das Unabzählbare deutlich und unvergeßbar gemacht werden (kann).«[63] Ob diese optimistische Deutung stichhaltig war, oder ob nicht gerade die langfristigen Reaktionen auf *Holocaust* und die Verarbeitung des Vietnam-Krieges, im amerikanischen Film etwa, den prinzipiellen Lügencharakter der Phantombilder doch eher bestätigen, ist allerdings nach den neuesten Erfahrungen mit avancierten Medientechnologien wieder äußerst fragwürdig geworden. Ohne ihn zu nennen, griff die Kritik an der Medienberichterstattung über den Golf-Krieg viele Motive von Anders' Analyse auf, und die These von der Aufhebung der Differenz von Wirklichkeit und Fiktion durch die neuen Medien ließe sich direkt auf Anders' Begriff der *ontologischen Zweideutigkeit* zurückführen. Ebenso enthält die in letzter Zeit vor allem im Zusammenhang mit den privaten TV-Anstalten aufgeflammte Diskussion über die Vorbildwirkung von Gewalt im Fernsehen und über Reality-TV eine Reihe von Motiven, die bei Anders schon erstaunlich präzis antizipiert sind. Gerade die Entwicklung von Reality-TV gewinnt im Zusammenhang mit Anders' Thesen eine interessante Bedeutung. Daß Menschen sich an gefilmten Unfällen, strippenden Hausfrauen und nachgestellten Selbstmorden ergötzen und nichts dabei finden, sich selbst vor laufenden Kameras durch TV-Moderatoren verkuppeln, scheiden und versöhnen zu lassen, mag auf den ersten Blick verblüffen. Zu banal und zu geschmacklos erscheint diese Mischung aus Voyeurismus und Exhibitionismus, als daß man die damit erreichten Einschaltziffern verstehen könnte. Aber Reality-TV und Exhibitionismus-Shows sind eine medienimmanente Antwort auf den Wirklichkeitsverlust durch die Medien. Als Kontrast zu den multimedialen *virtuellen Welten* des Computer-Zeitalters lockt die gute, alte Wirklichkeit. In einem mediengeprägten Zeitalter ist aber diese nurmehr über ein Medium zugänglich. Wenn gilt, daß nur gilt, was im Fernsehen ist, dann ist zum Beispiel die Rettung des privaten Lebens in seiner televisionären Veröffentlichung zu sehen.

Und dennoch entfaltet auch Reality-TV eine selbstaufhebende Dialektik. Die Logik des Fernsehens schlägt zurück. Kein Bild ist Wirklichkeit. Und so muß suggeriert werden, daß das Bild der Reality-Show wirklicher sei als alles bisher Gesehene, auch wenn es dem Augenschein nach von einer gespielten Szene nicht unterschieden werden kann. Der Rückgriff auf Amateur-Videos, die, in technisch oft mangelhafter Qualität, zufällig die Wirklichkeit einer Katastrophe eingefangen haben, unterstreicht dies ebenso wie die umstrittene Ausgabe von Kameras an die Feuerwehr. Solche Verfahren haben die Funktion von Echtheitszertifikaten, mit denen das Fernsehen jene Sendungen versieht, die angeblich wirkliche Ausschnitte aus der wirklichen Wirklichkeit zeigen. Natürlich sind auch solche Zertifikate fingierbar. Man könnte Szenen so drehen, daß der Eindruck entsteht, hier habe ein Amateur einen Unfall gefilmt. Der Kitzel besteht nicht im *Bild*, sondern im *Wissen*, daß das, was gesehen wird, sich tatsächlich ereignet hat oder gerade ereignet. Die Frage nach der wirklichen Wirklichkeit, also nach dem, was geschieht, wird dabei sekundär. Die These von Anders, daß das Fernsehen die Differenz von Wirklichkeit und Fiktion aufhebt und eine *ontologische Zweideutigkeit* konstituiert, findet ausgerechnet im Reality-TV ihre glänzendste Bestätigung. Da das Bild gegenüber dem, was es zeigt, unbestimmt bleibt, es also unklar bleiben muß, ob etwas fingiert oder wirklich ist — das Fernsehen produziert nach Anders *immer* eine *Phantomwirklichkeit* — entscheidet die *Bildunterschrift*, also der Sendungstitel, Reihe und Ankündigung über den vermeintlichen Wirklichkeitsstatus des Gesendeten. Da es aber im Wesen des

78

Fernsehens liegt, Wirklichkeitserfahrungen als solche zu substituieren, ließe sich die These formulieren, daß im Reality-TV das Fernsehen tatsächlich zu seiner Wirklichkeit findet. In der Logik des Mediums stellt Reality-TV nur seine avancierteste Form dar. Die Überlegung von Günther Anders, daß der Voyeurismus bei gleichzeitiger »Verbiederung« des Gesendeten dem Fernsehen immanent sei, findet im Reality-TV seine äußerste Bestätigung und späte Rechtfertigung.

V. Endzeit und Zeitenende — Geschichtsphilosophie unter der atomaren Drohung

Der 6. August 1945 — der Tag des Abwurfs der Atombombe über Hiroshima — war für Günther Anders eine, vielleicht die entscheidende Zäsur seines Lebens. Zwar hatten schon der Erste Weltkrieg, der Machtantritt Hitlers, die Nachrichten von Auschwitz seinem Leben und Denken entscheidende Wendungen gegeben, er hatte auch versucht, auf all diese Ereignisse literarisch und philosophisch zu reagieren, aber nach Hiroshima blieb er erst einmal stumm. Und zwar nicht deshalb, weil er »die Ungeheuerlichkeit der Ereignisse nicht verstanden hätte, sondern umgekehrt deshalb, weil mein Vorstellen, Denken, mein Mund und meine Hand vor der Ungeheuerlichkeit der Ereignisse streikten.«[1] Ohne daß er es sofort hätte formulieren können, war Anders von der mehr als nur epochalen Bedeutsamkeit dieses Ereignisses überzeugt: »Ich begriff sofort, wohl schon am 7. August, einen Tag nach Hiroshima und zwei Tage vor dem absolut unverzeihlichen zweiten Atomangriff, dem auf Nagasaki, daß der 6. August den Tag Null einer neuen Zeitrechnung darstellte: den Tag, von dem die Menschheit unrevozierbar fähig war, sich selbst auszurotten.«[2]

Günther Anders hat, seitdem er die ersten Reflexionen über die atomaren Bedrohungen in den fünfziger Jahren publiziert hatte, unablässig an diesem Problem weitergearbeitet — theoretisch, in zahlreichen Aufsätzen und Artikeln, und praktisch, als Mitinitiator der ersten Anti-Atombewegung, durch seine Reisen nach Hiroshima und Nagasaki und nicht zuletzt durch den berühmt gewordenen Briefwechsel mit dem Hiroshima-Piloten Claude Eatherly. Drei Fragenkomplexe, um die alle diese Aktivitäten immer wieder kreisen, kristallisieren sich heraus. Erstens: Was für ein Wesen — phänomenologisch betrachtet — ist das eigentlich, die Bombe; welche Maximen lassen sich aus ihr ableiten und was bedeuten diese für die Weltpolitik? Zweitens: Was bedeutet die Existenz der Bombe und das damit verbundene Vernichtungspotential geschichtsphilosophisch für das Selbstverständnis der Menschheit? Und drittens: Was hindert die Menschen eigentlich daran, die atomare Situation angemessen wahrnehmen zu können, welchen Verharmlosungsstrategien unterliegen sie mehr oder weniger bereitwillig und wie läßt sich dieser Blindheit begegnen?

Einer der Ansatzpunkte für die Analyse der Bombe war die Beobachtung, »daß wir die Bombe, wenn wir sie auch nur denken, in einer falschen Kategorie denken«[3] — nämlich als Waffe, das heißt als Mittel. Das Denken in Mittel-Zweck-Relationen ist nach Anders der Atombombe gegenüber völlig unangemessen, denn »zum Begriff des *Mittels* gehört es, daß es, seinen Zweck *vermittelnd*, in diesem aufgehe, ... daß es also als eigene *Größe* verschwinde, wenn das Ziel erreicht ist« — und dafür ist die Bombe »absolut zu groß«.[4] Absolut zu groß meint, daß der Einsatz der Bombe einen Effekt auslösen würde, der größer ist als jeder noch so große vom Menschen gesetzte politische oder militärische Zweck, und daß — bedenkt man die mögliche Vernichtung allen Lebens — jede weitere Setzung von Zwecken und damit jede weitere Verwendung von Mitteln verschwinden würde.[5] Damit allerdings, so Anders, verhält sich die Bombe subversiv gegenüber der »Geheimlosung« unserer Epoche, die da lautet: »Die Mittel heiligen die Zwecke.«[6] Die Zweckrationalität des industriellen Zeitalters ist ein Euphemismus. In der Tat werden nicht Zwecke diskutiert und dann angemessene Mittel gesucht, sondern allem, was auf den Markt geworfen wird, muß ein Zweck zukommen, das heißt, es muß ein Mittel sein. Was nutzlos ist, kein Mittel darstellt, also nicht um seiner Verwertbarkeit willen existiert, hat unter diesen Bedingungen seine Lebensberechtigung verloren. Die Devise muß also lauten, alles zu einem Mittel zu machen und, was sich nicht zu einem Mittel machen läßt, zu eliminieren: »Der Zweck von Zwekken besteht heute darin, Mittel für Mittel zu sein.«[7]

Diesen Kosmos von Mitteln droht die Bombe aufzusprengen — es muß also zu ihrer Ideologie gehören, sie zu verharmlosen, sie muß also als Mittel unter anderen Mitteln, als eine Waffe unter anderen Waffen dargestellt werden. Als ein Mittel zur gegenseitigen Abschreckung etwa. Das allerdings führt in eine paradoxe Situation: Als Mittel ist die Bombe nur einsetzbar, wenn sie nicht eingesetzt wird. Nicht eingesetzt wird sie aber, wenn jederzeit mit ihrer Einsetzbarkeit gedroht werden kann und gerechnet werden muß. Dieser Sachverhalt hat Anders dazu bewogen, die Bombe als nicht klassifizierbar — in den Zweck-Mittel-Kategorien —, als ontologisches Unikum zu beschreiben, ja, er sprach sogar — man hört es heute vielleicht nicht gerne — von dem »anarchischen Charakter« der Bombe: »Wesen, die man nicht klassifizieren konnte, nannte man früher *monströs*. [...] Ein solches Wesen ist die Bombe. Sie ist da, obwohl wesenlos. Und ihr Unwesen hält uns in Atem.«[8] Aus diesem Gedanken hat — darauf sei hier am Rande verwiesen — Peter Sloterdijk eine philosophisch etwas eigenartige Konsequenz gezogen: »Da [die Bombe] aber kein Mittel zu einem Zweck mehr sein kann, muß sie zu einem Medium der Selbsterfahrung werden. [...] Tatsächlich ist die

Bombe der einzige Buddha, den auch die westliche Vernunft versteht. Unendlich ist ihre Ruhe und ihre Ironie.«[9]

Die Dynamik des Monstrums beginnt allerdings nicht erst, wenn mit seinem Einsatz kalkuliert wird. Im Gegensatz zu den Ideologemen der Gleichgewichtsstrategien insistiert Anders darauf, daß es nicht nur um die Frage geht, was geschieht, wenn die Bombe zur Explosion gebracht wird – denn sie ist immer schon »ständig eingesetzt«.[10] Damit ist die Existenz der Bombe an sich immer schon eine Form ihres Einsatzes – nämlich in ihrer experimentellen Erprobung und als ultimatives Druckmittel. An der Bombe tritt eine Maxime des technischen Zeitalters am klarsten zutage: Es gibt keine nicht eingesetzten Geräte. Haben und Verwenden fallen zusammen.[11] Anders betont, daß die übliche Differenz von »Probe« und »Ernstfall«, von experimentellem Versuch und tatsächlichem Einsatz, im Falle der Atombombe tendenziell hinfällig geworden ist. Die »Insularität des Probefeldes«[12], Vorbedingung des technischen Experiments, die Unterscheidung zwischen Labor und Wirklichkeit, ist bei Versuchen mit nuklearen Sprengkörpern nicht mehr gegeben. Die Versuchsdetonationen in der Atmosphäre ebenso wie die unter der Erde sind keine Experimente mehr, sondern Varianten des Ernstfalles – das Bikini-Atoll zeugt davon; sie sind »Stücke unserer gesellschaftlichen Wirklichkeit«[13] – wenn auch gut abgeschirmt. Die Experimente selbst sind geschichtlich geworden – ja, wie Anders mutmaßt, sogar »geschichtlich überschwellig«: »Vielmehr ist die Kraft der Experimente, die ihres Experimentalcharakters entkleidet sind, so elementar, daß die geschichtliche Welt im Augenblick dieses Einbruchs auch schon mitzuzerbrechen droht.«[14] Die Rolle, die Nuklearversuche in der Politik der Supermächte spielten und zum Teil noch spielen und die Opfer, die diese Versuche bislang kosteten, bestätigt Anders' frühe Vermutung, zeigt aber auch, daß dieser geschichtliche Charakter des Experiments noch immer nicht vollständig begriffen oder zynisch akzeptiert wird.

Darüber hinaus ist die Existenz des nuklearen Sprengkörpers immer schon eine Form seines ultimativen Einsatzes. Die Bombe ist eine »Ding gewordene Erpressung« — es ist *unmöglich*, sie zu besitzen und damit *nicht* zu drohen. Genau das macht, etwa für einige Nachfolgestaaten der UdSSR oder Drittwelt-Länder, vorerst ihren Besitz, nicht ihre Explosion, so attraktiv. Weil diese Erpressung aber mit dem totalen Einsatz, das heißt, dem letzten kalkulieren muß, ist sie *absolut* ultimativ — sie muß, wie Anders es formulierte, »grundsätzlich über ihr Ziel hinausschießen«.[15] Damit wird der Einsatz taktischer Kernwaffen und deren Punktgenauigkeit nicht angezweifelt — doch auch die Strategie einer *flexible response* hätte die Logik der Expansion nicht willkürlich außer Kraft setzen können. Die Allmacht der Bombe, so Anders, »ist ihr Defekt«. Ihre Alternative ist endgültig: »Sie kann alle erpressen oder niemanden«, die atomare Erpressung ist immer Selbsterpressung und Erpressung der gesamten Menschheit.[16] Das ist der Status quo seit 1945.

Das Hauptaugenmerk der Reflexionen von Günther Anders über die Atombombe gilt allerdings den geschichtsphilosophischen und moralischen Konsequenzen dieses Geräts. Seit Hiroshima gibt es ein neues Spezifikum der Menschheit: sie ist als ganze tötbar[17] — dem entspricht, daß die Menschheit einen ihrer Träume, allerdings im Negativen erfüllt hat, nämlich allmächtig zu werden. »Anstelle der, omnipotenzbezeugenden, *creatio ex nihilo* ist deren Gegenmacht getreten: die *potestas annihilationis*. [...] Die prometheisch seit langem ersehnte Omnipotenz ist, wenn auch anders als erhofft, wirklich unsere geworden. Da wir die Macht besitzen, einander das Ende zu bereiten, sind wir die *Herren der Apokalypse.*«[18]

Der Mensch ist, wie es in den »Thesen zum Atomzeitalter« heißt, »modo negativo allmächtig geworden«[19] — und das bedeutet aber auch, da »wir jeden Augenblick ausgelöscht werden können«, daß wir seit dem 6. August 1945 »total ohnmächtig« geworden sind. Die negative Allmacht schlägt um in Ohnmacht, und dies ist die Voraussetzung für die Allmacht. Demgemäß heißt es dann auch von unserem Zeitalter: »Gleich wie lang, gleich ob es ewig währen wird, dieses Zeitalter ist das letzte: denn seine differentia specifica: die Möglichkeit unserer Selbstauslöschung, kann niemals enden — es sei denn durch das Ende selbst. [...] Die Epoche, in der wir leben, ist, selbst wenn sie ewig währen sollte, die endgültig letzte Epoche der Menschheit. Denn wir können nichts verlernen.«[20]

Daß, auch bei weitestgehender Abrüstung, das Wissen um die Technik der Vernichtung dieses Zeitalter zum absolut letzten machen muß — wie lang immer es auch dauern mag —, bestimmt für Anders die Grundstruktur der Epoche. Der negativ allmächtige Mensch steht hilflos der Unbegrenztheit seines Tuns gegenüber; es ist nicht rückgängig zu machen, die Zukunft damit ein für alle Mal definiert: »Dasjenige was uns begrenzt, ist die Unbegrenztheit der Effekte unseres Tuns. Omnipotenz ist unser fatalster Defekt.«[21] An anderer Stelle hatte Anders dafür die Formulierung gewählt: »Der Titan, der verzweifelt wieder Mensch sein will.«[22]

Trotz dieser fundamentalen Neubestimmung geschichtsphilosophischen Denkens, das — zumindest seit der Neuzeit — die Zukunft prinzipiell offen gedacht hat und die Existenz der Gattung jederzeit fraglos unterstellen konnte, warnt Anders davor, eine Metaphorik zu übertreiben, die der Menschheit den Status eines Subjekts verleiht, das willentlich einen globalen Suizid in Erwägung ziehen könnte: »Der atomare Untergang (ist) kein Selbstmord, sondern eine Ermordung der Menschheit.«[23] Anders differenziert streng zwischen der Menschheit als potentiellem Opfer und jener »Pluralität von Mächten«[24], die als Täter in Frage kommen. Anders wendet sich auch gegen die Auffassung, in der Formulierung, die Menschheit *könne* Selbstmord begehen, schwinge so etwas mit wie eine stoische Freiheit zum kollektiven Freitod — solche metaphysische Verbrämung der atomaren Bedrohung nennt er »Falschmünzerei«.[25] Was einzig dieses *kann* bedeutet, ist, daß wir »unfähig bleiben, die Verwendung dessen, was wir erzeugt haben, zu meistern; und unfähig, diejenigen Mächte, in deren Händen sich die Vernichtungsmittel befinden, zu kontrollieren.«[26]

Falschmünzerei — in diesem Zusammenhang erwähnte Günther Anders den Namen von Karl Jaspers. Der Rückblick auf die Art und Weise, wie Jaspers sein ganzes Renommee als Existenzphilosoph in die Waage geworfen hatte, um der Atombombe philosophisch zu begegnen, zeigt mehr als nur ein seltsames Kapitel deutscher Philosophiegeschichte. Die Argumentationsstrukturen von Jaspers in seiner vielbeachteten Rundfunkrede *Die Atombombe und die Zukunft des Menschen* im Jahre 1956 und dem darauf basierenden erfolgreichen Buch wiederholten sich in der deutschen und internationalen Nach- und Abrüstungsdebatte immer wieder. Wenngleich Jaspers, was Günther Anders anerkennend vermerkt hat, die reale Gefahr der atomaren Situation und die damit verbundene Perspektive der Menschheitsvernichtung durchaus erfaßte, bettet er diese Analyse in eine Politphilosophie ein, die den heroischen Opfertod der Gattung als Grenzerfahrung stilisiert — denn, so Jaspers, »das Leben, das zu retten der zur Freiheit geborene Mensch alles tut, was möglich ist, ist mehr als Leben. Darum kann das Leben als Dasein, wie das einzelne Leben, so alles Leben, eingesetzt und geopfert werden, um des lebenswürdigen Lebens willen.«[27] Jaspers' Opferwille beruhte auf einem, wie Anders es nannte, »Zwei-Höllen-Axiom«[28], demzufolge die »freie Welt« nur die Wahl habe zwischen dem Risiko des atomaren Untergangs oder dem sowjetrussischen Totalitarismus, wobei Jaspers unterstellt, daß das Leben unter dem Totalitarismus kein menschliches Leben und deshalb opferbar sei.[29] Den Widerspruch, alles Leben zu opfern um des Lebens in Freiheit willen, das ja gerade diesem Heroismus zum Opfer fiele, kann Jaspers dann auch nur auflösen, indem er weit ins Transzendente blickt — noch im »Scheitern von Dasein« wird Hoffnung bleiben in der »Gegenwärtigkeit des Ewigen«.[30]

Günther Anders hatte diese von Jaspers vorgebrachte Alternative von Freiheit oder Vernichtung als »einfach indiskutabel« zurückgewiesen. Wohl mit Recht wies Anders darauf hin, daß — abgesehen von der Frage, wie stichhaltig die Gegenüberstellung »freie Welt« und »totalitäres Sowjetsystem« überhaupt je war — die Aufrechnung der vollständigen Vernichtbarkeit allen Lebens gegen eine kontingente historische und gesellschaftliche Situation aufs tiefste beschämend ist: »daß ein Philosoph die Gefahr durch ein Wandelbares der Gefahr einer Auslöschung des Menschengeschlechts gleichsetzt.«[31] Noch in einem sehr späten Text hielt Anders an diesem Verdikt über Jaspers fest, dessen Namen sprach er »mit Verächtlichkeit« aus und nannte den Existenzphilosophen schlicht »philiströs«.[32] Diese Kennzeichnung scheint nicht unwichtig, bedenkt man, daß Argumentationsfiguren, die denen von Jaspers nicht unähnlich sind, in der Philosophie wieder aufgetaucht sind: »Die atomare Drohung enthüllt letzten

Endes die allgemeingültige existentielle Wahrheit, daß man nämlich, um sein Leben zu retten, im Stande sein muß, es zu opfern«, schrieb André Glucksmann[33] zu Zeiten atomarer Hochrüstungen. Ähnlich wie Anders, logisch vielleicht noch prägnanter gefaßt, hatte Ernst Tugendhat diese Argumentationsfigur überzeugend zurückgewiesen: »Die Drohung mit dem Atomkrieg, deren Perversität die meisten von uns über die Jahrzehnte durch schiere Gewöhnung vergessen haben, impliziert einen bei Lichte besehen geradezu phantastischen atlantischen Ethnozentrismus. [...] In einem Atomkrieg opfert sich keiner mehr *für* das Ganze, sondern das Ganze würde von uns geopfert.«[34] Wie kontingent jene von Jaspers und Glucksmann beschworene politische Konstellation gewesen war, das lehrten die Ereignisse der letzten Jahre. Daß gerade die Supermacht, die einem angeblich fast zu der Alternative Unterwerfung oder Vernichtung allen Lebens gezwungen hätte, in wenigen Jahren einfach zerfallen würde, hatte natürlich niemand geahnt. Der Gedanke, daß man wegen der vermeintlich unausweichlichen Alternative Freiheit oder Sozialismus die Bombe gezündet hätte, ist aus heutiger Perspektive schon ein wenig schaurig.

Anders' kritische Analyse des Totalitarismusarguments war allerdings damals schon prinzipiellerer Natur gewesen: »Die Atomdrohung ist nämlich nicht die Alternative zum Totalitarismus, sondern die außenpolitische Version des Totalitarismus, die heute endgültige Alternative lautet nicht ›Totalitarismus oder Atomdrohung‹, sondern: ›entweder bedient sich eine Macht der Atomdrohung, weil sie ohnehin totalitär ist, oder eine Macht wird dadurch totalitär, da sie sich der Atomdrohung bedient‹.«[35]

Die Existenz der Bombe destruiert nach Anders allerdings auch den Begriff von Geschichte selbst: »Die nicht-mehr-sei-

89

ende Geschichte wird auf eine fundamental andere Art etwas Nicht-mehr-Seiendes sein als die nicht-mehr-seienden individuellen Geschichtsereignisse. Denn sie wird eben nicht mehr ›Vergangenheit‹ sein, sondern etwas, was so gewesen sein wird, als wenn es niemals gewesen wäre.«[36]

Die an die Sprache der Ontologie erinnernden Termini verwendet Anders nicht von ungefähr. Die Heideggersche Formulierung vom Menschen als Dasein, dem es als Seiendem um sein Sein geht, gewinnt für Anders unter dem Aspekt der atomaren Bedrohung erst eine evidente Rechtmäßigkeit. Nun nimmt Heideggers ontologische Differenz, die Scheidung zwischen Sein und Seiendem, einen fatalen Sinn an: »Allein dem eisigen Schatten, den heute das mögliche Nichtsein in das Seiende hineinwirft, verdankt die *ontologische Differenz* ihr Dasein.«[37]

Daß es für den Menschen gleichgültig sein könne, ob nach seinem individuellen Tode die Geschichte sich fortsetze (ein nicht unbeliebtes Argument), scheint Anders' Betonung der ontologischen Dimension der Bombe, die durch sie bewirkte Vernichtung der Kategorien Vergangenheit und Zukunft zu entwerten. Zu betonen bleibt allerdings, daß menschliches Handeln, auch und gerade unter der Perspektive des individuellen Todes, bislang sich immer vom Horizont der Geschichte her motivierte, unter der Annahme stattfand, daß die wirkungsgeschichtlichen Aspekte des Handelns die individuelle Kontingenz überschreiten mögen, und sei es auch nur im Bereich der Sorge für die unmittelbaren Nachkommen. Handeln und Leben unter der Perspektive: »Es wird einmal eine Geschichte gewesen sein«, muß notwendig anders strukturiert sein. Anzeichen davon sind wohl allenthalben zu spüren — eine Mischung aus euphorischer Rücksichtslosigkeit, gepaart mit periodisch auftretenden Sinnkrisen.

Günther Anders' »Rede über die drei Weltkriege«, in der er seine Zuhörer auffordert, sich schon jetzt zu betrauern, weil es dann niemanden mehr geben werde, der trauern könnte, sollte unterstreichen, was es bedeutet, wenn Geschichte selbst antiquiert ist.[38]

Allenthalben hatte Anders betont, daß in der vollständigen Vernichtung des »Gewesenen« — also Geschichte, die in der Erinnerung aufbewahrt bleibt — die Menschheit einen »zweiten Tod« sterben wird, »so daß das Gewesene sogar nicht einmal mehr Gewesenes sein würde«.[39] Nicht zuletzt diese Formel vom zweiten Tod war es dann, die Jonathan Shell den Vorwurf eingetragen hat, Günther Anders plagiiert zu haben.[40] Die Aufforderung, jetzt zu trauern, soll eindringlich klarmachen, daß unser Zeitalter tatsächlich nurmehr als »Frist« aufzufassen ist, als »Zeit des Endes«, die jederzeit in ein »Ende der Zeiten« umschlagen kann. An diesem Endzeitcharakter, so Anders, ist nichts zu ändern. Man kann höchstens danach trachten, daß diese »Endzeit endlos« werde.[41]

Damit allerdings verzichtet Anders darauf, weiterhin ein Telos der Geschichte zu unterstellen, und sei es auch nur in der Form der Utopie. Das ist der Punkt, an dem sich Anders von Ernst Bloch abzugrenzen pflegt. Bloch, mit dem Anders durchaus befreundet gewesen war, galt ihm als letzter Vertreter einer »messianischen Geschichtserwartung«, als ein »professioneller Hoffer, der sich durch kein Auschwitz und kein Hiroshima« hatte einschüchtern oder enttäuschen lassen. Daß Bloch die Wendung vom »Noch-Nicht« zum »Nicht-Mehr« nicht mitvollziehen konnte, führt Anders unter anderem auch auf Blochs Judentum zurück: »Darin war er jüdischer als ich. [...] Fixiert an den Gedanken an das kommende oder von uns zu errichtende Reich, sind die meisten (Juden) unfähig geblieben, den Gedanken einer *Apokalypse ohne*

Reich zu denken.«[42] Gerne zitiert Anders in diesem Zusammenhang auch den Spruch, der angeblich im Seminartisch einer deutschen Universität eingeritzt worden war, obwohl er ihn natürlich, wie er einmal kokett zugab, selbst gedichtet hat:

> *Prinzip Verzweiflung oder einmal etwas anders*
> ernst bloch spricht:
> »wir sind noch nicht.«
> ernster als bloch
> wäre: »gerad' noch.«
> anders wär:
> »nicht mehr.«[43]

Diese Verse verweisen tatsächlich auf eine, wenn man so will, substantielle ontologische Differenz zwischen Anders und Bloch: Ließe sich die Philosophie von Bloch als eine des Noch-Nicht-Seins beschreiben, so die von Anders korrekterweise als eine des Gerade-Noch oder des »Gerade-noch-nicht-Nichtseins«.[44] Dort, wo für Bloch die Kategorie der Möglichkeit zum zentralen Scharnier seines utopischen Denkens wurde[45], das selbst zu einem Moment der Befreiung werden sollte[46], war für Anders die Kategorie des Möglichen selbst schon durch den Gang der Ereignisse vollständig außer Kraft gesetzt: »Die Möglichkeit unserer endgültigen Vernichtung ist, auch wenn diese niemals eintritt, die endgültige Vernichtung unserer Möglichkeiten.«[47] Später wollte Anders allerdings eine Kritik an Bloch weniger auf dessen Werk bezogen wissen, als vielmehr auf den Gestus des Hoffens, der sich den Erfahrungen von Hiroshima verweigert und die dadurch notwendig gewordene Revision auch der marxistischen Geschichtstheorie nicht durchführen will: »Und diese hoffnungslos auf Hoffen eingestellte, eigentlich feige Attitüde, hat mich peu à peu tief verstimmt.«[48] Hoffnung hat Anders einmal sehr scharf nur als anderes Wort für Feigheit denunziert.[49] Und dennoch darf nicht vergessen werden, worauf Gabriele Althaus aufmerksam gemacht hat, daß Anders gerade jenes Werk Ernst Bloch gewidmet hat, das »einen Hoffnungsschimmer für die Erkenntniskritik« eröffnet hatte und die Welt neu ins Gesichtsfeld rückte: *Der Blick vom Mond.*[50]

Ein gravierendes Moment — und damit thematisieren wir den dritten Aspekt dieses Problemkomplexes —, das Anders' Analysen der atomaren Situation von Anfang an mitbestimmt hatte, war neben der Frage nach dem Wesen der Bombe und ihren politischen und philosophischen Konsequenzen vor allem das fassungslose Erstaunen darüber gewesen, daß die Menschen offensichtlich nicht nur unwillig, sondern geradezu unfähig waren, diese Situation, ihre eminente Gefahr angemessen wahrzunehmen: »Apokalypseblindheit« hatte Anders diese Blockade genannt.

Im Zusammenhang mit einer möglichen atomaren Vernichtung von Apokalypse zu sprechen, hat heute fast etwas Abgestandenes an sich. Die Rede von der Apokalypse war für Anders selbst schon problematisch geworden: »Ich kann das Wort schon nicht mehr hören.«[51] Als er allerdings diesen Begriff in den frühen fünfziger Jahren zur Kennzeichnung der Situation seit Hiroshima einführte, hatte er zumindest versucht, ihm vor der Folie des christlichen Apokalypse-Gedankens einen präzisen Sinn zu verleihen. Gemeinsam ist beiden Apokalypse-Vorstellungen etwa die Idee der Frist, die Vorstellung des letzten Zeitalters, die Bestimmung des Daseins als Gerade-noch-Sein. Die Differenz zwischen beiden Konzeptionen sieht Anders darin, daß die heutige Untergangserwartung im Gegensatz zur christlichen »objektiv gerechtfertigt« ist, darin, daß »damals das Ende als durch unsere Schuld verursacht« galt, diesmal dagegen »die Schuld in der Herstellung des Endes« besteht, darin, daß die »frohe« Botschaft gegen eine »schreckliche« getauscht wurde, darin, daß statt des zu erwartenden Reiches die Apokalypse heute das Ende aller Geschichte bedeutet.[52] Die entscheidende Wendung mit ihren, wie noch auszuführen sein wird, gravierenden moralischen Konsequenzen, liegt allerdings darin, daß »die Katastrophe, wenn sie einträte, Menschenwerk wäre« — nicht Strafe als Folge menschlichen Tuns, sondern Resultat menschlichen Handelns selbst.[53] Genau diese Differenz unterschlagen allerdings jene, die darauf verweisen, daß diejenigen, die von Apokalypse sprechen, nur einer biblischen Metaphorik verhaftet seien — als wäre mit diesem Aufweis die Gefahr schon gebannt.[54]

Ist die Rede von der Apokalypse in letzter Zeit auch inflationär geworden, der Begriff selbst zur fast bedeutungslosen Spielmarke postmoderner Diskurse herabgesunken, so zeigen doch die Überlegungen von Anders, welche Bedeutung die Rede von der atomaren Apokalypse gerade vor dem Hintergrund europäisch-christlichen Denkens hätte haben können. Und dennoch bleibt das hartnäckige Problem, daß für die letzte Katastrophe keine angemessene Bezeichnung gefunden werden kann — jede, käme sie in Gebrauch, suggerierte, das Unvorstellbare ließe sich bereden. Die in letzter Zeit in Mode gekommene Formel vom »atomaren Holocaust« scheint noch prekärer. Nicht nur macht sie, im Gegensatz zum Begriff der Apokalypse, die atomare Vernichtung vergleichbar mit etwas, das sich bereits ereignet hat, als ließe das Absolute sich einordnen. Der Ausdruck »Holocaust« hat, auf Auschwitz angewandt, eine affirmierende Konnotation: Brandopfer — so die Übersetzung — suggeriert einen Heroismus und einen Sinn des Opfers gerade dort, wo es, wie Anders es einmal angedeutet hat, lediglich um die industrielle Produktion von Leichen ging.[55] Es gibt — und Anders ist einer der wenigen, der dies ohne falsches Pathos analysiert hat — Affinitäten zwischen Auschwitz und Hiroshima; der Begriff »Holocaust« aber und seine Verwendung deckt diese jedoch eher zu, denn daß er sie analytisch betonte.

Wir stehen vor dem Problem, daß jede Sprache, die das Ungeheuerliche zu fassen sucht, dieses notgedrungen verfehlt. Auch die Termini, die Günther Anders verwendet, sind davor nicht gefeit. Das Maß zu finden zwischen falscher Nüchternheit und dem Pathos des Entsetzens ist kaum möglich. Die am 13. 7. 1957 in der *Frankfurter Allgemeinen Zeitung* von Günther Anders veröffentlichten »Gebote des Atomzeitalters« zeugen von solcher Schwierigkeit. Es bleibt andererseits aber die unbedingte Notwendigkeit, der man sich nicht entziehen kann, trotzdem davon zu sprechen.

Die womöglich unlösbare Frage einer angemessenen Terminologie weist zurück auf jenes Phänomen, auf das sich Günther Anders mit seiner ersten größeren Studie in Zusammenhang mit der atomaren Drohung konzentriert hatte — jener eklatanten Wahrnehmungsunfähigkeit, der Apokalypseblindheit. Diese »Unfähigkeit zur Angst«[56] ist nach Anders prekäres, aber konsequentes Resultat jenes »prometheischen Gefälles«, das des Menschen Verhältnis zu den von ihm hergestellten Dingen überhaupt kennzeichnet. Daß wir etwas herstellen können, was unsere Vorstellungskraft übersteigt, führt im Fall der Atombombe zu einem absolut lebensbedrohenden Defizit der Wahrnehmungskapazität. Die Gefahr ist sozusagen »überschwellig« geworden: »Nicht obwohl (die Reize) zu groß sind, bleibt die Bedrohung unsichtbar, sondern umgekehrt, weil sie so groß, nämlich *zu groß* ist.«[57]

Da der Tod von Millionen die Vorstellungskraft übersteigt, da das Vorstellungsvermögen dieses Massentodes
aber die Voraussetzung dafür ist, die Situation einigermaßen
erkennen zu können — die Angaben von Zahlen besagen da
bekanntlich gar nichts —, ist die Ersetzung der Erfahrung
durch die Phantasie eine der von Günther Anders immer
wieder erhobenen Forderungen. Es ging ihm um eine »moralistische Erkenntnistheorie«.[58] Die Empirie besagt, nicht zuletzt aufgrund des Aussehens der Vernichtungswaffen wie
der Geräte überhaupt, fast nichts mehr. Aus der reinen An-
schauung der Dinge ist nicht mehr auf ihre Funktion, auf die
durch sie auslösbaren Effekte, auf ihr Wesen zu schließen.
Anders spricht in diesem Zusammenhang von einer »negativen Protzerei« der Dinge — sie sehen »nach nichts« aus — wie
etwa jene Zyklon-B-Gas-Dosen von Auschwitz, die sich
kaum von Fruchtkonservenbüchsen unterschieden.[59] Ähnliches ließe sich von den nicht sonderlich furchteinflößenden
atomaren Sprengköpfen sagen: Gestalt, Größe und Form
stehen in keinem wahrnehmbaren Verhältnis zu ihrer Effizienz.

Daß sogar das unmittelbare Erlebnis des Schreckens von
der reinen Erfahrung weder emotional noch reflexiv bewältigt werden kann, gehört wohl zu den erschütterndsten Ergebnissen der Reise von Günther Anders nach Hiroshima.
Die Überlebenden des Bombenabwurfs konnten keine wie
immer geartete Verbindung zwischen dem gesichteten einsa-
men Flugzeug und der Katastrophe herstellen, und die Tendenz, das Ereignis auch aus der Erinnerung zu streichen, hat
sich — so zumindest die Interpretation von Anders — in einem Wiederaufbau Hiroshimas niedergeschlagen, der alle
Spuren des 6. August, mit Ausnahme einer als Mahnmal ge-
dachten Ruine, verschwinden ließ. Mit der ihm eigenen

sprachlichen Konsequenz hat Günther Anders diesen Wiederaufbau Hiroshimas die zweite Zerstörung dieser Stadt genannt.[60]

Doch nicht nur diese Erscheinungsform des »prometheischen Gefälles«, nicht nur die eklatante Differenz zwischen Herstellen und Vorstellen, nicht nur die »Antiquiertheit des Aussehens« der Geräte[61] sind Grund für die von Anders einmal so genannte »Apokalypse-Faulheit«[62]; es kommen noch Aspekte hinzu, die Anders schon vor der atomaren Bedrohung analysiert hatte, die aber in dieser als letzte und absurd gewordene Fortschreibung der technischen Rationalität erscheinen. In Verbindung mit der Antiquiertheit des Aussehens, also der Unscheinbarkeit der Vernichtungswaffen, hat auch eine strukturelle Veränderung des Vernichtens selbst stattgefunden, die es schwer macht, dieses noch als destruktiven Akt zu identifizieren: Der Prozeß der massenhaften Vernichtung des Menschen gleicht sich immer mehr dem der industriellen Produktion an. Günther Anders hatte diesen Aspekt schon an Auschwitz als wesentlich hervorgehoben und eine Linie gezogen von den Krematorien von Auschwitz über Hiroshima zur atomar bedrohten Situation der Gegenwart: »Der Angestellte im Vernichtungslager hat nicht gehandelt, sondern, so gräßlich es klingt, er hat gearbeitet.«[63] Die Barbarei, die von Auschwitz wie die der Zukunft, erscheint demnach nicht als Irrtum, Rückfall oder Perversion Einzelner, nicht einmal als Kehrseite jener Medaille, die technischer Fortschritt genannt wird, sondern zumindest als eine mögliche seiner immanenten Konsequenzen.

In einem offenen Brief an Klaus Eichmann — nach der Verurteilung und Hinrichtung Adolf Eichmanns in Jerusalem im Frühjahr 1962 geschrieben — hat Günther Anders diesen Zusammenhang in eindringlichen Worten betont. Daß dieser of-

fene Brief von der Öffentlichkeit und der Kritik kaum angemessen rezipiert worden ist[64], mag auch daran liegen, daß es
unserem zivilisatorischen Selbstverständnis widerspricht,
die Massenvernichtung des Nationalsozialismus als ersten
kumulativen negativen Ausbruch eines Systems rationaler
Arbeitsorganisation zu sehen, dem wir ansonsten geneigt
sind, allen Fortschritt zuzuschreiben. Die Aufsplitterung der
Arbeit in maschinengestützte Einzelschritte, die ein Übersehen des Gesamtprozesses und ein Beurteilen des Effekts unmöglich machen, aber Arbeitsvorgänge in den verschiedensten Produktionssektoren einander angleichen, so daß es für
den Einzelnen unerfahrbar wird, ob er an der Herstellung einer Bombe oder eines Küchengerätes beteiligt ist, führt nach
Anders dazu, daß wir das Interesse am »Mechanismus als
ganzem und an dessen Letzteffekten« ebenso verlieren wie
die Fähigkeit, uns davon ein Bild zu machen: »Ist ein maxima-
ler Grad von Indirektheit überschritten – und in der heutigen
industriellen und administrativen Arbeit ist das der Normal-
fall –, dann versagen wir, nein, dann wissen wir noch nicht
einmal, daß wir versagen, daß es unsere Aufgabe wäre, uns
vorzustellen, was wir tun.«[65]

In dieser »verdunkelten Welt« besteht die Taktik der
»Dunkelmänner des technischen Zeitalters« nicht mehr
darin, die Entmachteten »von jeder möglichen Aufklärung
auszuschließen«, sondern darin, »denjenigen, die nicht sehen, daß sie nicht sehen, einzureden, daß sie aufgeklärt
seien«. Je schärfer das Tempo des Fortschritts, so Anders, »je
größer die Effekte unserer Produktion und je verwickelter
die Struktur unserer Apparate«, desto blinder werden wir.[66]
Diese Blindheit, und Anders betont das immer wieder, ist
kein Ausdruck subjektiven Versagens, sondern Form einer
fundamentalen objektiven Unfähigkeit, dem Überschwelli-

gen, *Monströsen* angemessen kognitiv und emotional zu begegnen. Das »zu Große«, so Anders, läßt uns kalt, völlig unangerührt. Die moderne Gesellschaft produziert »emotionale Analphabeten«: »Sechs Millionen bleiben für uns eine Ziffer, während die Rede von zehn Ermordeten vielleicht noch irgendwie in uns anzuklingen vermag, und uns ein einziger Ermordeter mit Grauen erfüllt.«[67] Dieses Versagen, diese strukturelle Wahrnehmungsunfähigkeit, bewirkt auch, daß das »Verantwortungsgefühl« umso kraftloser wird, je mehr sich der Effekt, auf den wir abzielen oder den wir bereits erreicht haben, steigert.[68] Das heißt — und das widerspräche vehement der Forderung nach dem »Prinzip Verantwortung«, wie sie etwa Hans Jonas gestellt hat[69] —, daß gerade die monströsen Entwicklungen unserer Zeit, weil sie das Verantwortungsgefühl objektiv überfordern, nicht mit dem Appell an eben dieses aufgehalten werden können. Anders' Philosophie ist so verstanden prinzipiell der Versuch, das Monströse als das Unbegreifbare doch noch zu begreifen.[70]

Entscheidend ist dafür die Einsicht von Günther Anders, daß solche Untaten wie Auschwitz und Hiroshima längst nicht mehr die Untaten Einzelner sind, sondern sich zusammensetzen aus ganz normalen »Taten«. Das große Verbrechen als ein Kontinuum von harmlosen Akten führt zu jener Unschuldshaltung, die Anders einmal den »Legitimationseffekt« genannt hat.[71] Weil keiner etwas Böses, sondern jeder nur seine Arbeit macht, kann auch niemand schuld sein an dem letztlich produzierten Effekt. Die sukkzessive Zerstörung der Umwelt erfolgt offensichtlich nach demselben Prinzip. Und dennoch: Anders vergißt nicht, daß es etwa zwischen Auschwitz und Hiroshima nicht nur Gemeinsamkeiten, sondern auch Differenzen gab, Differenzen, die es lohnt, noch einmal ins Bewußtsein zu holen. So paradox es klingen mag: Für Anders ist Auschwitz »moralisch ungleich entsetzlicher« gewesen als Hiroshima — aber dieses »ungleich schlimmer« als jenes.[72] Dies deshalb, weil trotz aller Mechanisierung des Todes die direkte Beteiligung von Individuen mit all ihren Sadismen, Grausamkeiten, Haßgefühlen, Zynismen gegenüber den Opfern, Brutalitäten, Karrieresüchten und vielleicht auch Zweifeln im Falle von Auschwitz noch gegeben war, während die Piloten von Hiroshima und Nagasaki mit dem buchstäblich emotionslosen Knopfdruck das Leben von Hunterttausenden, zu denen sie überhaupt keine Beziehung mehr hatten, in einer Sekunde vernichteten: »Wenn ein Mensch im Bruchteil einer Sekunde zweihunderttausend Mitmenschen (heute Millionen) auslöschen kann, so sind daneben die paar Tausend SS-Männer, die nur peu à peu Millionen umbringen können, [...] harmlos. [...] Während die atomaren Waffen im wörtlichsten Sinne ›apokalyptisch‹ sind, waren oder sind die Lager ›apokalyptisch‹ nur im metaphorischen Sinne.«[73]

Die Frage nach der Schuld des Einzelnen, der nur eine partielle Aufgabe in einem komplexen Prozeß übernimmt, war dann auch die zentrale Frage, um die sich der Briefwechsel zwischen Günther Anders und Claude Eatherly, jenem Hiroshima-Piloten, der von einem Aufklärungsflugzeug das Zeichen zum Abwurf gegeben hatte, rankt. Eatherly, dessen bohrendes Fragen nach der Schuld von der Öffentlichkeit pathologisiert worden war, wurde für Anders zum paradigmatischen Fall, in dem »über den Menschen im Zeitalter der Technik« entschieden wird.[74] In einem offenen Brief an den damaligen Präsidenten der Vereinigten Staaten, John F. Kennedy, hatte Anders geschrieben: »Eatherly ist eben nicht der Zwilling von Eichmann, sondern dessen großer und für uns tröstlicher Antipode. Nicht der Mann, der die Maschinerie

zur Einführung

ADORNO ALTHUSSER ANDERS
BARTHES BENJAMIN BERGSO
MENBERG BRECHT BUBER CA
RIDA ELIAS FOUCAULT FREIRE
EDLAENDER FROMM HABERM
GGER HOBBES HORKHEIMER
NG KAFKA KOLLONTAI KRISTE
KIN LACAN LANDAUER LÉVINA
AUSS LIEBKNECHT LUHMANN
LYOTARD MACHIAVELLI MARCU
AD MONTAIGNE NEUMANN NI
REICH RENNER RORTY RÜHL
MITT SIMMEL SOHN-RETHEL
BER TOCQUEVILLE TROTZKI

JUNIUS

Kompetente Autoren

- verfassen verständlich geschriebene
  Darstellungen relevanter Philosophen;

- bieten überzeugende Orientierung
  in komplizierten theoretischen
  Zusammenhängen;

- zeichnen kritische Porträts
  der Theoretiker;

- ergänzen ihre kenntnisreiche Lesart durch
  einen aktuellen bibliographischen Anhang
  sowie eine Zeittafel.

Wissenschaftlicher Beirat:

Prof. Dr. Detlef Horster
Prof. Dr. Ekkehard Martens
Prof. Dr. Herbert Schnädelbach
Prof. Dr. Ralf Schnell
Dr. Christoph von Wolzogen
Prof. Dr. Jörg Zimmermann

als Vorwand für Gewissenlosigkeit ausgibt, sondern umgekehrt der Mann, der die Maschinerie als furchtbare Bedrohung des Gewissens durchschaut.«[75] Eatherly stellte für Anders die vielleicht entscheidende moralische Frage nach der Legitimität des Mittuns: »Wo und wie weit dürfen wir oder dürfen wir nicht mittun?«[76]

Die Konsequenz, die Anders aus all dem zieht — denn die Zukunft gehört dem Typ der Massenvernichtung à la Hiroshima, wenngleich sich in »noch nicht höchst industrialisierten Ländern Auschwitz noch lange als Vorbild halten wird«[77] —, ist: Auch die Bosheit ist heute eine antiquierte Kategorie, ebenso wie der Haß[78]. Die Tendenz der zivilisatorischen Entwicklung, zu einer gigantischen Maschine zu werden, liquidiert schleichend den Menschen auch als verantwortbar zu machenden Urheber seiner Taten. Es gilt das Harmlosigkeitsgesetz: »Je größer der Effekt, desto kleiner die für dessen Verursachung erforderliche Bosheit«[79], und daraus folgt, daß in dem Augenblick, in dem »Täter zur Durchführung ihrer Untaten Bosheit nicht mehr benötigen, sie auch ihre Chance verlieren, ihre Untaten zu bedenken oder zu revidieren«.[80] Die Verbindung zwischen Tat und Täter scheint vollends zerstört zu sein. Schuld und Sühne selbst werden zu antiquierten Begriffen: »Während nämlich Untaten alten Stils dadurch unmenschlich gewesen waren, daß deren Täter in actu oder ante actum ihr Menschsein suspendiert hatten, werden die neuen es nun dadurch, daß sich die menschlichen Täter als Täter suspendieren. *Unmenschliche Taten sind heute Taten ohne Menschen.*«[81]

Trotzdem, und das weiß Anders, liegt das Vernichtungspotential nicht in den Händen weniger Staaten, sondern in denen weniger Staatsmänner. Das schafft auch eine völlige Umkehrung des Verhältnisses zwischen Einzelnen und Masse:

»Je enormer die Effizienz der technischen Apparate, umso geringer die der Masse. Je enormer die Effizienz der technischen Apparate, umso enormer auch die der Einzelnen, die nun durch solistische Launen, genannt ›politische Entscheidungen‹, in der Lage sind, [...] Millionen Menschen oder die Menschheit als ganze untergehen zu lassen. Nicht nur im Zeitalter der monströsen Vermassung leben wir [...], sondern gleichzeitig im Zeitalter der monströsen Solistik.«[82]

Neben den gleichsam strukturell bedingten Formen der Apokalypseblindheit gibt es ganz handfest eingesetzte Verharmlosungsstrategien, die, in unterschiedlichen Varianten seit 1945 forciert, ein angemessenes »Nachdenken über die Atomkriegsgefahr« (Ernst Tugendhat) erschweren, für viele Menschen vielleicht sogar unmöglich gemacht haben. Es bleibe jedem überlassen zu überlegen, in wessen Interesse diese Strategien favorisiert wurden und werden. Günther Anders jedenfalls hatte sie schon frühzeitig scharfsichtig analysiert. Und das Frappierende daran: Es gibt wohl kaum jemanden, der sich nicht dabei ertappt fühlte, diesen Verharmlosungen nicht nur willig gefolgt zu sein, sondern sie auch ausgestreut zu haben. Es sind weniger die Methoden aus den Arsenalen staatlicher Propagandamaschinerien als vielmehr Formen, mit denen wir die atomare Gefahr aus dem Alltagsbewußtsein zu verdrängen pflegen. Die »falsche Klassifizierung« der Gefahr gehört ebenso dazu wie die »Vernüchterung des Entsetzlichen«: Der Jargon der Wissenschaftlichkeit, Termini technici, Abkürzungen — als habe man sprachlich alles im Griff und damit begriffen; falsche Vergleiche — gerade nach Tschernobyl waren sie an der Tagesordnung — zählen ebenso dazu wie Witze.[83] Aber zu diesen Strategien gehört auch, und das ist zweifellos ein äußerst bedenkenswerter Punkt, das Entsetzliche nicht direkt zu verharmlosen, sondern pathetisch zu überhöhen. Anders spricht von einer »Solennifizierung«: Das »Furchtbare in die Sprache des Ästhetischen« zu übersetzen[84], ist eine Form der Lüge, die durchaus von der Wahrheit ausgehen kann. Die feierliche Beschwörung des Entsetzlichen, oft mit Vokabeln aus dem religiösen Bereich – von »Selbstaufopferung« bis »Holocaust« – ist für Anders, da es sich »um die Möglichkeit der Liquidierung der Menschheit handelt, blanke Obszönität«.[85] Mit ähnlichen Worten hatte er die von prominenten Dirigenten geleiteten Gedenkkonzerte für die Opfer von Hiroshima gegeißelt.

Doch Anders geht noch einen Schritt weiter: Auch der Kunst wird die Möglichkeit und damit das Recht abgesprochen, die Bedrohung der Menschheit angemessen darzustellen. Gemessen an dem Ernst der Situation wird die Kunst prinzipiell zu Unernst. Schon Auschwitz, so Anders, der in diesem Punkt durchaus mit Adorno sympathisiert[86], war durch die Poesie nicht mehr zu begreifen. Anders verurteilt die *Todesfuge* von Paul Celan ebenso wie Arnold Schönbergs *Ein Überlebender aus Warschau*[87], aber auch Luigi Nonos *Sul Ponte di Hiroshima*, eine Komposition, die auf Anders' Tagebuchaufzeichnungen aus Hiroshima beruht.[88] Was Auschwitz betrifft, hatte Günther Anders in den *Philosophischen Stenogrammen* angedeutet, wie eine Rede über diese Monströsität auszusehen hätte – eine Überlegung, die gerade heute von ungeheurer Aktualität zu sein scheint: »Wenn du von Auschwitz sprichst, dann vermeide Feierlichkeit. Der feierliche Tonfall ziemt sich nicht, er ist noch zu human, er könnte noch so klingen, als wenn es irgendwo doch noch eine Möglichkeit von Sinn oder Versöhnung gebe – und diese Möglichkeit offen zu lassen, das wäre eine tödliche Entwürdigung des Monströsen, das sich abgespielt hat. Sprich nicht von *Toten*. Noch nicht einmal von *Ermordeten*. Beides wäre

Hohn. Getötet worden ist niemand. Und ermordet worden ebenfalls niemand. Wie tief dich das auch erschrecken mag, wie schwer dir das auch fallen mag, die einzige angemessene, die einzige wahre, die einzige der Millionen entwürdigte Rede ist die zynische. Zu sprechen hast du also von dem Material, das, der Maschine zu Verarbeitung zugeliefert, die ungewöhnliche Eigenschaft besessen hat, sehen, hören und fühlen zu können. Und (wenn du die Zeugen erwähnst, die heute auftreten): von den zufällig unverarbeitet gebliebenen Materialresten, die die gleichfalls ungewöhnliche Eigenschaft besitzen, sich erinnern, berichten und anklagen zu können. – Nur so. Anders zu sprechen, ist unerlaubt und läuft beinahe schon auf Entschuldigung heraus.«[89]

Damit aber – und Anders ist sich dessen wohl bewußt – ist nicht nur die Frage nach der Möglichkeit von Kunst überhaupt gestellt (im letzten Kapitel dieses Bandes wird davon noch zu sprechen sein), sondern auch die, ob das Ungeheuerliche überhaupt eine kommunizierbare Form finden kann, die nicht verharmlosend wirkt. Letztlich stellt sich die Frage, wie der atomaren Drohung und der technischen Welt, deren Produkt sie ist, angemessen zu begegnen sei, wie darauf reagiert werden müßte oder könnte. Denn eines der entscheidenden Gebote des Atomzeitalters lautet für Günther Anders: »Das Ziel, das wir zu erreichen haben, kann nicht darin bestehen, das ›Ding‹ *nicht* zu haben; sondern allein darin, das ›Ding‹ niemals zu verwenden, obwohl wir nichts dagegen tun können, daß wir es haben; es niemals zu verwenden, obwohl es niemals einen Tag geben wird, an dem wir es nicht verwenden *könnten*. Dies also ist deine Aufgabe: Der Menschheit beizubringen, daß keine physische Maßnahme, keine Zerstörung physischer Objekte jemals eine restlose Garantie darstellen wird, daß wir vielmehr fest dazu entschlossen sein müssen, den Schritt niemals zu machen, obwohl er immer möglich sein wird. — Wenn es uns: dir, dir und mir, nicht gelingt, die Menschheit mit dieser Einsicht anzufüllen, dann sind wir verloren.«[90]

VI. Ketzereien — einige Probleme
der Moral und die Frage der Gewalt

Günther Anders wurde immer wieder als Moralist bezeichnet, und er war nicht abgeneigt, sich selbst so zu nennen: »Ja, die Frage ist nicht: Wie wird man Moralist? Vielmehr hat die Frage zu lauten: Wie kann es einem passieren, das nicht zu werden?«[1] Er wurde aber auch als Moralist »verhöhnt«, nicht zuletzt wiederum von ihm selbst.[2] Sein Moralismus bestand wohl einerseits in der bohrenden und unablässigen Intensität, mit der er sich Jahrzehnte weigerte, sich, wie so viele andere, mit dem status quo der atomaren Bedrohung zu arrangieren; er bestand im persönlichen Engagement, mit dem er, solange er physisch dazu imstande war, überall dort auftrat, wo es galt, gegen Unrecht oder Kriegsgefahr einzuschreiten; und er bestand auch in der selten gewordenen Konsequenz, mit der Anders seine Standpunkte, seine Thesen vertrat, auch dann, wenn es längst unopportun erscheinen mußte — eine Konsequenz, die ihn auch dazu gebracht hatte, falsche Ehrungen und Ehrungen von falschen Leuten manchmal höflich, manchmal höhnisch, aber immer bestimmt zurückzuweisen.[3]

Der Moralismus des Günther Anders besteht desweiteren aus seinen Beiträgen zu dem, was man akademisch Moralphilosophie nennen könnte. Seitdem die Atomkriegsgefahr und vor allem die ökologische Krise auch die institutionalisierte Philosophie erreicht haben, werden Fragen der Ethik wieder heftiger diskutiert — man denke nur an das *Prinzip Verant-*

wortung von Hans Jonas, die Kontroversen um Fragen der Gentechnologie oder die Debatten um Probleme der praktischen Ethik, von der Abtreibung bis zur Euthanasie. Ein Blick auf die verstreuten moralphilosophischen Bemerkungen von Günther Anders zeigt allerdings, daß er auch und gerade in der Frage, was die Entwicklung der modernen Industrie und Technik für die Probleme der Moral bedeutet, scharfsichtiger und radikaler gedacht hat als mancher seiner professionellen Kollegen. Die Beiträge von Günther Anders zu einer zeitgenössischen Moralphilosophie — vorausgesetzt, so etwas möchte man überhaupt — lohnen allemal die Auseinandersetzung.

»Die bisherigen religiösen und philosophischen Ethiken sind ausnahmslos und restlos obsolet geworden, sie sind in Hiroshima mitexplodiert und in Auschwitz mitvergast worden.«[4] Mit diesem Diktum hat Anders die Situation der Moral in einer Weise gekennzeichnet, die keine Möglichkeit läßt, aus der Tradition der Moral, aus den ethischen Reflexionen der Vergangenheit irgendeinen Nutzen für die Gegenwart zu ziehen. Dabei ist er weit davon entfernt, pathetisch — etwa analog zu einem neuen Denken — nach einer neuen Moral zu rufen. Vielmehr geht es ihm darum, vorerst zu analysieren, inwiefern die technisch veränderte Welt die bisherigen Moralen liquidiert; aus der Analyse lassen sich dann aber sehr wohl Schlüsse ziehen, nach welchen Maßstäben das Handeln sich richten könnte, soll der Anspruch auf Humanität — und das heißt in der Diktion von Anders schlicht: auf den Fortbestand des Menschen — nicht vollends aufgegeben werden.

Günther Anders verzichtet auf alle Versuche, Moral logisch zu fundieren. Er weiß, die Konsequenz aus seinen Überlegungen ist »moralischer Nihilismus«. Ethik bleibt für ihn ein »utopisches« und damit unmögliches Unternehmen. Er, der Berufsmoralist, ist also diesbezüglich »Nihilist«. Unverblümt stellte sich Anders die einst von Heidegger ängstlich ausgeklammerten Fragen: »Warum soll man sollen?« und: »Warum sollen wir Menschen und warum soll die Welt sein?«[5] Der Skandal aber liegt nicht darin, daß Anders diese Fragen stellte; der Skandal liegt darin, daß er – und dies fundiert seinen theoretischen Nihilismus – eine positive Beantwortung dieser Fragen nicht nur verweigerte, sondern schlechthin für unmöglich und indiskutabel hielt. Weder Moral noch die Existenz der Gattung Mensch lassen sich *begründen*. Anders machte den Letztbegründungszirkus der Philosophen nie mit. Hans Jonas' Versuchen etwa, die Notwendigkeit des Menschen aus der Ordnung des Seins abzuleiten, kann Anders nichts abgewinnen. Der Mensch ist keine privilegierte Gattung, die irgendein Seinsrecht für sich beanspruchen könnte. Natürlich kommt die Erde, erst recht das Universum gut ohne Menschen aus. Aber auch aus dieser Einsicht machte Günther Anders kein schwarzes, anthropofugales Programm, wie etwa Ulrich Horstmann. In den *Ketzereien* rühmt er sich seines *doppelten Nihilismus*, der ihn allerdings als *handelndes Wesen* nie beeinflußt habe. Anders zog weder praktische noch aphoristische Konsequenzen aus seinem Nihilismus. Darin liegt genau seine Anstößigkeit, daß er als Nihilist auf das Überleben der Menschheit mit *eiserner Inkonsequenz* besteht.[6] Nicht nur Philosophen haben ihm diese eiserne Inkonsequenz bis heute nicht verziehen, die von Anders gelebte »barbarische«, weil unvermittelte Einheit von theoretischem Nihilismus und praktischer Humanität scheint vielen ein Greuel, die dem die angeblich »zivilisierte« Einheit von theoretischer Humanität und praktischem Nihilismus vorziehen.

Getrost konnte Anders seine Maxime formulieren: »Sei moralisch, obwohl du, daß *Sollen sein soll*, nicht begründen kannst, nein sogar für unbegründbar hältst.«[7] Natürlich weiß er dabei, daß Moral die Antwort des Menschen auf seine Instinktinsuffizienz ist. Kants Apotheose des Sittengesetzes in uns kann Anders aber nicht folgen – denn: »Es bleibt uns gar nichts anderes übrig: *wir müssen sollen.*«[8] Daß der Mensch sich Gesetze, Regeln, Normen geben muß, da die natürlichen Instinkte nicht ausreichen, ist für Anders vorerst einmal eine Not, keine Tugend. Daraus folgt eine scharfe, fundamentale Kant-Kritik: »Die philosophische [...] Grundfrage muß die nach den *Bedingungen der Nötigkeit* sein, nicht die transzendentale nach den *Bedingungen der Möglichkeit.*«[9]

Die Bedingungen der Nötigkeit – sie haben sich im Zeitalter der industriellen und technischen Revolution gewaltig verändert. Es gehört zu den entscheidenden, allerdings kaum wirklich beachteten Thesen von Günther Anders, daß mit der Maschinisierung der Welt, mit dem Erscheinen von Technik als geschichtlichem Subjekt, die Prämissen menschlichen Handelns radikal andere geworden sind. Die Handlungsmöglichkeiten sind den Menschen durch die Produkte, die er verwendet, vorgegeben: »Unsere Produkte sind bereits, ob wir das wollen oder nicht, unsere Taten.«[10] Es wäre, wie schon im Kapitel über die prometheische Scham angedeutet, ein Irrtum zu glauben, es gäbe so etwas wie den Spielraum freier Entscheidungen den Dingen gegenüber. Tatsächlich sind es genau diejenigen, die die Freiheit des Menschen gegenüber der Technik beschwören, die, geht es um relevante Entscheidungen, ständig von Sachzwängen sprechen. Ideologisch ist die Rede von der Freiheit, realistisch die von der Sache, die den Menschen zwingt: Sind Automobile einmal produziert, werden sie verwendet. Und werden sie verwendet, ist es keine Frage von Entscheidbarkeit, daß Straßen gebaut, Parkplätze geschaffen, Infrastrukturen verändert, Lebensweisen revolutioniert werden müssen — was wir befolgen, ist tatsächlich, wie Anders es meint, die Maxime der Geräte, nicht die des Willens.

Natürlich läßt sich immer eine Gesellschaft denken, in der alles ganz anders ist, und natürlich läßt sich unter dieser Perspektive immer behaupten, daß es unter geänderten gesellschaftlichen Produktionsverhältnissen die verhaltensstrukturierende Dominanz von Technik nicht gäbe. Aber einmal abgesehen davon — und Anders wies auch immer darauf hin —, daß die ehemaligen sogenannten sozialistischen Gesellschaften ab einem gewissen Grad der Technisierung in ähnliche Sachzwänge gekommen waren, bleibt es ein Faktum, daß es zumindest im Rahmen der wettbewerbsorientierten medialen Gesellschaft — und eine andere ist nirgendwo in Sicht — eine verhaltenssteuernde Komponente großer Maschinerien gibt, deren Kraft von der philosophischen Handlungstheorie, die allenthalben noch nach Letztbegründungsmöglichkeiten des Freiheitspostulates sucht, bislang wohl unterschätzt worden ist. Günther Anders geht sogar so weit, den Willen selbst als antiquierte Kategorie zu bezeichnen, der vom Umgang mit den Maschinen in sein pures Gegenteil verkehrt wird, er ist nicht mehr ursprüngliches Motiv des Handelns, sondern nachträgliche Rechtfertigung dessen, was immer schon geschehen ist: »Wir tun, also haben wir es gewollt.«[11] Strenger läßt sich die »Antiquiertheit der Freiheit« kaum beschreiben, bedenkt man, daß die Tat die maschinengeprägte Tat ist: »Produkte, also *Dinge*, sind es, die den Menschen prägen. In der Tat wäre es kaum eine Übertreibung zu behaupten, daß *Sitten* heute fast ausschließlich von Dingen bestimmt und durchgesetzt werden.«[12]

Die Umgangsformen zwischen den Menschen werden also geprägt durch Maschinen und Medien, die dazwischengeschaltet sind: »Sofern wir heute einen Benehmenskodex haben, ist dieser von Dingen diktiert.«[13] Es mag, weil alltäglich geworden, gar nicht mehr auffallen, wie sehr die Formen des Sprechens, der Gestik und Mimik, des Verhaltens im privaten und öffentlichen Raum von Apparaturen wie Automobil, Telefon, Computer und Fernsehen modelliert werden. Anders' Analyse berührt sich hier mit einer Beobachtung Adornos aus dem 19. Stück der *Minima Moralia*, die in verschiedenster Hinsicht große Nähe zu den Reflexionen von Günther Anders aufweist: »Die Technisierung macht« — und Adorno setzte, noch optimistisch, hinzu: »einstweilen« — »die Gesten präzis und roh und damit die Menschen. [...] Man wird dem neuen Menschtypus nicht gerecht ohne das Bewußtsein davon, was ihm unablässig, bis in die geheimsten Innervationen hinein, von den Dingen der Umwelt widerfährt. [...] Welchen Chauffierenden hätten nicht schon die Kräfte des Motors in Versuchung geführt, das Ungeziefer der Straße, die Passanten, Kinder und Radfahrer, zuschanden zu fahren? In den Bewegungen, welche die Maschinen von den sie Bedienenden verlangen, liegt schon das Gewaltsame, Zuschlagende, stoßweise Unaufhörliche der faschistischen Mißhandlungen.«[14]

Solche Erfahrungen hat Günther Anders zu einer ethischen Reflexion verdichtet und in der Sprache der traditionellen Moralphilosophie beschrieben, was eine durchaus erhellende Kontrastwirkung zur Folge hat: Der »kategorische Imperativ« von heute, der, so Anders, fast überall *de facto* in Kraft ist, wenn auch selten ausgesprochen, lautet: »Handle so, daß die Maxime deines Handelns die des Apparats, dessen Teil du bist oder sein wirst, sein könnte« — oder negativ formuliert: »Handle niemals so, daß die Maxime deines Handelns den Maximen der Apparate, deren Teil du bist oder sein

wirst, widerspricht.«[15] Allerdings: Günther Anders konstatiert auch Ausnahmen, »ideologische Situationen«, in denen
zeitgemäße Handlungsmaximen der Geräte mit antiquierten
Moralvorstellungen kollidieren. Der Vietnam-Krieg, den Anders einer semantischen Analyse unterzogen hat[16], ist ihm dafür ein erschreckendes Beispiel: daß das, was Geräte tun
durften — etwa ein Dorf mit Bomben und Napalm auszurotten —, direkt und mit nackter Hand nicht mehr oder noch
nicht durchgeführt werden durfte. Aber: »Eine solche Differenz, ein solches Gefälle zwischen *Apparat- und Humanmo-
ral* auf die Dauer durchzuhalten, das kann niemand leisten.«[17] Das Massaker von My Lai stellt laut Anders ein
signifikantes Ereignis dar, die G.I.s beanspruchten, so handeln zu dürfen wie ihre Apparate. Sie lehnten sich dagegen
auf, vom gigantischen, durch eine große Maschinerie vermittelten Massenmord ausgeschlossen zu sein. Was stattfand,
war eine »Rückübersetzung«, die indirekte Handlung wurde
in »terms of directal action« transformiert unter der Voraussetzung, daß die Maximen der Maschinen als selbstverständlich und legitim akzeptiert wurden. Der Mensch will werden
wie seine Maschinen: »sicut machinae«.[18]

Auch wenn man Anders' Interpretation des Massakers von
My Lai nicht in allen Punkten folgen will, bleibt es bemer-
kenswert, daß in der Tat unterschiedlichen Technologien negative Effizienzen zugestanden werden, die dem Individuum
allemal verboten sind. Wer als vorgeblich willentlich Han-
delnder die Luft so verpesten würde wie die Autos, die Menschen so verstümmeln würde, wie es nach einem Chemieun-
fall an der Tagesordnung ist, wer seine Umgebung so
verstrahlen würde wie ein AKW — er gälte noch immer als
Auswurf der Menschheit. Anders geht noch einen Schritt
weiter. In den *Philosophischen Stenogrammen* findet sich der

eigentlich entsetzliche, weil womöglich bedenkenswerte Satz: »Neben der Schnulze, die Millionen von uns banal und gemein macht, ist die Ermordung eines Einzelnen zum Verbrechen minderen Grades geworden.«[19]

Die antiquierte Individualmoral, die den Kinderschänder zur Bestie stilisiert, die Luftverschmutzung, an der hunderte Kinder erkranken, aber als moralisches Problem nicht einmal zur Kenntnis nimmt, ist wohl einer der Gründe dafür, daß alle Bemühungen um eine ökologische Ethik, die die moralische Eigendynamik von Technologien nicht berücksichtigen, in einem fruchtlosen Voluntarismus enden müssen. Möglich, daß eine intensivierte Rezeption der moralphilosophischen Thesen von Anders auch der Ökologie-Debatte, sofern sie sich um die Neuformulierung einer ökologischen Ethik bemüht, neue Impulse verleihen könnte. Die Schwierigkeiten der »ökologischen Kommunikation«[20] im juristischen Bereich etwa bestehen nicht zuletzt in der von Günther Anders beschriebenen Verschränkung von Technologien und der darin integrierten Arbeit: »Der Gedanke, daß das Produkt, an dem man arbeitet, und wäre es das Verwerflichste, das Arbeiten infizieren könnte, wird psychologisch als Möglichkeit noch nicht einmal in Betracht gezogen. Produkt und Herstellung des Produkts sind, moralisch gesprochen, auseinandergerissen; der moralische Status des Produkts (zum Beispiel von Giftgas oder der Wasserstoffbombe) wirft keinen Schatten auf den moralischen Status dessen, der arbeitend an dessen Produktion teilnimmt.«[21] Dieser Zustand entlastet den Einzelnen, der seine Arbeit tut, ebenso wie den, der Arbeitsplätze sichert: »Es gibt keine moralisch bösere Situation als diejenige, in der das Böse bereits so sehr zum integrierten Bestandteil der Situation selbst geworden ist, daß sie es dem Individuum ersparen kann, selbst böse zu sein.«[22]

114

Analog zu einer Hegelschen Begriffsbildung spricht Anders von einer zum »objektiven Geist gewordenen Unmoral«[23] — es ist die Unmoral der Apparate, Strukturen und Prozesse, der ökonomischen und technologischen Zwänge, die tatsächlich keine individuell Schuldigen oder Bösen mehr kennt oder benötigt. Was allein gebraucht wird, damit der Betrieb funktioniert, sind Arbeitende, die ihre Arbeit als nicht weiter zu befragendes »Mit-Tun« akzeptieren. »Und jene Gewissenhaftigkeit, die sie sich anstelle ihres Wissens angeschafft haben, kommt einem Gelöbnis gleich ... dem Gelöbnis, *nicht zu wissen, was sie tun*« — der freiwillige Verzicht auf Wissen ist das Apriori eines reibungslosen Ablaufes. Es ist dasselbe Apriori, das Auschwitz und Hiroshima mitbedingte.[24] Der Verzicht auf Wissen führt zur vollständigen Gewissenlosigkeit: »Schlecht zu handeln ist heute nicht mehr nötig. Schlecht *ist* man bereits, ist man immer schon gemacht, da man, ob man das will oder nicht, ein Teil der objektiv schlechten Welt ist. [...] Schuldig werden ist uns durch die Apparate dieser Welt genauso abgenommen wie Brotbacken oder Statistiken ausrechnen.«[25]

Moral wird bestenfalls reduziert auf die Privatsphäre. Der »mediale Mensch« im Arbeitsprozeß fungiert tatsächlich nur als zwischengeschaltetes Wesen, dem sowohl das Ziel seines Arbeitens als auch die Struktur des ganzen Prozesses unbekannt bleiben: Er rechnet mit einem Weitergehen der Arbeit, das er selbst nicht zu verantworten hat, und er entwickelt, weil »zielblind«, kein Verhältnis zur Zukunft. Er hört zu handeln im menschlichen Sinne auf.[26] Solche Medialität — Anders beschreibt sie als »aktiv-passiv-neutral«[27] — führt auf jeder Ebene in die *faktische* Apokalypseblindheit, in eine zunehmende Differenz zwischen theoretischem Wissen und dem latent destruktiven kollektiven Verhalten. Diese Blindheit aufzuheben und zu beginnen, dem Druck der Struktur etwas entgegenzusetzen, das war für Günther Anders immer die eigentliche moralische Aufgabe der Epoche. Nicht von ungefähr nannte er schon seine erste Studie über die Apokalypseblindheit eine »moralistische Erkenntnistheorie«.[28]

Günther Anders hat immer wieder Vorschläge gemacht und Anregungen gegeben, wie gegen das zerstörerische Telos der Technisierung Widerstand geleistet werden könnte. Selbstredend wußte Anders, daß sich das berühmte Rad der Geschichte nicht zurückdrehen läßt. Keinesfalls wollte er als naiver Rousseauist mißverstanden werden: Für bestimmte soziale und ökonomische Entwicklungsstufen, etwa den von Ländern der Dritten Welt, hielt er — vielleicht in dieser Hinsicht naiv — die Technisierung für eine Voraussetzung der Problembewältigung, und der grünen Bewegung als Ideologie stand er äußerst skeptisch gegenüber.[29] Worum es ihm ging, läßt sich auf zwei Punkte konzentrieren: einmal darum, dem Menschen der Maschine gegenüber wieder die Souveränität zu verleihen — das kann unter bestimmten Umständen auch Maschinenstürmerei bedeuten —, und zum anderen darum, und das ist wohl die entscheidende Aufgabe, die drohende atomare — und heute ist auch hinzuzufügen, die technisch induzierte ökologische — Katastrophe abzuwenden.

Zum Verhältnis von Mensch und Maschine hat Anders schon früh eine bemerkenswerte Maxime formuliert, die, wenn sie schon nicht befolgt werden kann, doch ein grelles Licht auf unseren Umgang mit Apparaten zu werfen imstande ist: »Habe nur solche Dinge, deren Handlungsmaximen auch Maximen deines eigenen Handelns werden könnten.«[30] Unter all den positiven Neuformulierungen des Kantschen Kategorischen Imperativs — man denke etwa an die von Hans Jonas: »Handle so, daß die Wirkungen deiner

116

Handlung verträglich sind mit der Permanenz echten menschlichen Lebens auf Erden«[31] — trifft die von Anders vorgeschlagene zumindest in den innersten Kern unseres Verhältnisses zu den uns umgebenden Technologien. Das Postulat, aus dem dieser Imperativ kritisch abgeleitet ist, lautet dann auch: »Jeder hat diejenigen Prinzipien, die das Ding hat, das er hat.«[32] Nicht blinde Technikfeindlichkeit resultiert aus diesem Imperativ, wohl aber eine vernünftige Reflexion eines jeden über die immanenten Ziele unserer Apparaturen — und was täte mehr Not? Doch ja, eines: Aktionen. Es ist sinnlos, folgt man Günther Anders, geht es um den Fortbestand der Menschheit, bei kontemplativer Theorie stehenzubleiben. Er selbst hatte jahrelang das Schreiben vernachlässigt, war »in die Praxis desertiert«, um politisch aktiv sein zu können — wovor ihn ein Kollege gewarnt hatte[33] —, auch wenn Schreiben und Handeln für Anders stets eine Einheit bildete. Nicht um die Möglichkeiten des Intellektuellen geht es, sondern um Eingriffe in den Produktionsprozeß selbst, will man der Dynamik der Dinge Einhalt gebieten. Schon in den fünfziger Jahren forderte Anders als ersten Schritt ein »Exerzitium«, eine konzentrierte »Ausbildung der moralischen Phantasie«, die es möglich machen sollte, die Diskrepanz zwischen Vorstellen und Herstellen zu überwinden und die tatsächlichen Folgen unseres Tuns kognitiv und emotional zu antizipieren, aber auch das Gefühl für die Wahrnehmung des Undenkbaren zu schulen.[34] Dazu allerdings bedürfte es einer förmlichen Einübung, handelt es sich doch um »Überdehnungen« der gewohnten Phantasie und der alltäglichen Gefühlsleistungen.[35] Als nächsten — aufsehenerregenden — Schritt empfahl er dann den »Produktstreik«. Anders versuchte einen »universellen hippokratischen Eid« zu formulieren, dessen zentrale Partie folgendes Gelöbnis enthalten sollte:

»Keine Arbeiten anzunehmen und durchzuführen, ohne diese zuvor darauf geprüft zu haben, ob sie direkte oder indirekte Vernichtungsarbeiten darstellen; die Arbeiten, an denen wir gerade teilnehmen, aufzugeben, wenn diese sich als solche direkte oder indirekte Vernichtungsarbeiten erweisen sollten.«[36]

Es geht dabei darum — und Vorbild dafür sind die Streiks in Munitionsfabriken am Ende des Zweiten Weltkriegs[37] —, schon während des Arbeitsprozesses die Herstellung von Vernichtungswaffen oder diese unterstützende Produkte zu bestreiken. Anders ist sich bewußt, daß die Organisation des Arbeitsprozesses, die »Janusköpfigkeit«[38] der Forschung, bei der die Verwertbarkeit der Ergebnisse nicht prognostiziert werden kann, die Unwissenheit der Arbeitenden und letztlich die »Janusköpfigkeit« der Produkte selbst — vieles kann für unterschiedlichste Zwecke eingesetzt werden[39] — diesen Produktstreik vor immense Schwierigkeiten stellt, daß er aber zumindest in Produktion und Wissenschaft zu fordern wäre, wo eine Eindeutigkeit zerstörerischer Ziele vorliegt.[40] Nachdenklich räumte Anders allerdings ein, daß es durchaus denkbar sei, »daß es aus den Schwierigkeiten, in die wir Heutigen geraten sind, keinen wirklichen Ausweg gibt«.[41] Und dennoch — wie fatal eine Analyse auch immer ausfallen mag; wie aussichtslos die globale Entwicklung sich auch gestalten mag; wie nüchtern die Katastrophen antizipiert werden müssen — für Anders gibt es eine moralische Devise, die vielleicht die ganze Diskrepanz zwischen dem, was an übermächtigen Selbstzerstörungstendenzen beschrieben und erkannt werden kann, und dem, was zu tun ist, nur allzu deutlich werden läßt: »Wenn ich verzweifelt bin, was geht's mich an! Machen wir weiter, als wären wir es nicht!«[42]

Machen wir weiter — aber wie? Günther Anders, der ein langes Leben lang unbequem gedacht hat, erregte nie so viel Aufsehen und Publizität wie mit einigen Thesen und Überlegungen zum Widerstand gegen die atomare Rüstung: Er rührte damit an eines der bestgehüteten Tabus in Deutschland, an die Gewaltfrage. In mehreren Gesprächen, Glossen und Artikeln hatte Anders in die Debatte um die Strategien der Friedensbewegung mit der Überlegung eingegriffen, daß »wir wirklich in einem Zustand (sind), der juristisch als *Notstand* bezeichnet werden kann. Nein, muß. Millionen von Menschen, alles Leben auf der Erde, sind tödlich bedroht.«[43] Aus diesem »Notstand« folgerte Anders, daß ihm gegenüber »Notwehr« bis hin zum Einsatz gewaltsamer Mittel als ultima ratio gerechtfertigt sein kann, womöglich sein muß: »Wenn wir ernsthaft versuchen wollen, unser Überleben, aber auch das der kommenden Geschlechter, zu sichern, dann bleibt uns nichts anderes übrig, als diejenigen Zeitgenossen, die uns effektiv bedrohen, effektiv einzuschüchtern. [...] Die heute fällige Aufforderung hätte, *hat* daher schrecklicherweise zu lauten: ›Macht diejenigen kaputt, die bereit sind, euch kaputt zu machen‹.«[44]

Die darüber einsetzende breite öffentliche Diskussion[45] be-schränkte sich — sieht man einmal von den Versuchen ab, Günther Anders zum geistigen Ahnherrn eines künftigen Terrorismus zu stempeln — auf die moralische Beurteilung von Gewalt als Mittel der Durchsetzung letztlich pazifistischer Ziele. Hans-Martin Lohmann unterstrich, was in dieser Debatte durch Günther Anders bewirkt wurde: »Anders kommt das Verdienst zu, den ideologischen Schleier, der sich über die Gewaltfrage gelegt hat, wenigstens soweit gelüftet zu haben, daß wieder erkennbar wird, was der Fall ist: Demokratie und Atomstaat sind keine Idylle, in der die antagonisti-

schen gesellschaftlichen Interessen durch friedliche Verein-
barungen auszutarieren sind, sondern der Atomstaat stellt
ein Gewaltverhältnis dar, das ein Interesse auf Kosten anderer Interessen schützt.«[46]

In der Tat hat die Argumentation von Anders, daß, geht es
um die Frage nach dem Überleben der Menschheit, die Frage
nach der moralischen Qualität der dazu notwendigen Mittel
recht zimperlich sei, einiges für sich. Ein höheres Gut als die
Menschheit kann kaum auf dem Spiele stehen — sieht man
von schlechten Transzendenzien und Horstmanns Philosophie der Menschenflucht einmal ab. Die Kritik von Anders an
der Sorge um die individuelle Moral mag so auch berechtigt
sein: »Es gibt aber nichts Heuchlerischeres als deshalb das
Böse zu vermeiden, weil man ein gutes Gewissen zu haben
wünscht.«[47] Vieles an der Diskussion, zahlreiche Bekundun-
gen des Abscheus sind wohl von solcher Heuchelei durch-
drungen. Das Problem liegt, nüchtern betrachtet, darin, ob
die von Anders vorgeschlagene Form der Notwehr tatsächlich das, rein strategisch gesprochen, adäquate Mittel ist, um
das Ziel, das Ende der atomaren Bedrohung, zu erreichen. Es
wird dabei unterstellt, es gäbe Individuen, die bedrohen und
deren Einschüchterung oder Liquidation die Bedrohung
selbst liquidierte.[48] Das aber scheint einer der fundamentalen
Analysen von Anders zu widersprechen: jener nämlich, daß
unter den herrschenden Bedingungen nicht irgendjemand
die Bombe besitzt, sondern daß die Bombe immer irgendje-
manden besitzt. Gerade weil individuelle Bosheit antiquiert
ist, ist es wahrscheinlich auch der Kampf gegen sie. Dem Problem, daß, wer immer ein Gerät hat, dessen Maximen befolgt,
wird man wohl kaum entgehen können.[49]

Die Frage: Gewalt — ja oder nein, war schon falsch gestellt,
auch dann, wenn nicht klar ist, wie die Frage richtig zu stellen

wäre, zumal die Verhältnisse seit dem Ende des Kalten Krieges nicht gerade einfacher geworden und die Ziele und Strategien der Friedensbewegung angesichts der neuen europäischen Kriege vollends ins Ungefähre verschwunden sind. Ob es allerdings genügt, wie Peter Kafka in Bezug auf die Gewaltfrage einmal andeutete, daß aller weiterer Kampf in den Köpfen stattfinden wird, muß dahingestellt bleiben. Es fällt schwer — bei aller Sympathie für diesen Weg — daran zu glauben, daß »wieder nur die Aufklärung« von uns selbst und die unserer Nachbarn darüber, daß es Möglichkeiten gibt, »friedlich miteinander und der ganzen Natur zu leben«, ausreichen wird.[50] Auch diese Konzeption unterschätzt die Macht jener Verhältnisse, über die Günther Anders wie kaum ein anderer aufgeklärt hat. Die Frage des Zusammenlebens, selbst unter relativ friedlichen Bedingungen, die ohnehin sukzessive verschwinden, ist in der technisierten Welt längst keine ausschließliche Frage der Köpfe mehr — aber auch keine der Herzen.

VII. Anders als Ästhet: Von Molussien zur Pluralismuskritik

Allenthalben wurde Günther Anders als *Kulturphilosoph* bezeichnet. Er selbst hatte sich gegen diese Etikettierung immer gewehrt — sein Thema sei nicht die Kultur, sondern »die Auseinandersetzung mit der nicht endenden Barbarei unseres Zeitalters«.[1] Und dennoch: Günther Anders bekannte durchaus, daß es sein ursprüngliches Ziel gewesen war, Literat zu werden, daß ihn Fragen der Musikphilosophie, Probleme der Malerei brennend interessiert hätten.[2] Doch er hatte sich dafür entschieden, sein Denken und Leben dem Kampf gegen die Bedrohungen, denen die Menschheit seit dem August 1945 ausgesetzt ist, zu widmen. Ganz hatte er jedoch auf Reflexionen über Fragen der Literatur und Kunst nie verzichtet, und sie stehen immer in engem Konnex zu seinen politischen Erfahrungen und philosophischen Überlegungen.

Günther Anders in einen zeitkritischen und philosophischen Autor auf der einen, in einen fast verhinderten Poeten und Kunsttheoretiker auf der anderen Seite teilen zu wollen, wäre nicht sehr sinnig. Immerhin: im amerikanischen Exil war Anders fast ausschließlich als Dichter bekannt[3], und er hat die Literatur auch nie vollkommen aufgegeben — doch ein Großteil seiner poetischen Arbeiten ist bislang unveröffentlicht. Vom literarischen und kunsttheoretischen Werk von Günther Anders gilt das gleiche wie vom philosophischen: Es ist vom Engagement des Autors nicht zu trennen. Anders' Begriff von Literatur ist, wenn man so will, vorerst durchaus ein didaktischer. Was er an Brecht bewundert, gilt ihm vielleicht als äußerstes Ziel von Kunst überhaupt: »Werk und Werkabsicht fallen bei ihm aufs natürlichste zusammen.«[4] Daß der Autor etwas sagen will, ist für Anders eine Selbstverständlichkeit. Den Begriff »Tendenzdichtung« scheut er allerdings; aber nicht, weil er sich aufgerufen fühlte, die fragwürdige Reinheit weltabgewandter Poesie zu verteidigen, sondern weil er diesen Begriff selbst für einen Pleonasmus hält: Dichtung ist Tendenz a priori.[5] Diesem Konzept ist der große, in den frühen dreißiger Jahren entstandene, antifaschistische Roman *Die molussische Katakombe* verpflichtet.

In den Jahren 1930 bis 1932 arbeitete Anders an diesem umfangreichen epischen Werk, das die ideologischen Mechanismen des Nationalsozialismus, seine Verblendungsstrategien und Betrugsmanöver freilegen sollte — ein ironisches, in Swiftscher Manier gehaltenes mehrdeutiges Werk sollte es werden, im Vorwort einmal als »Handbuch der Lüge«, ein andermal als »Handbuch der Wahrheit« bezeichnet.[6] Bertolt Brecht selbst hatte das Manuskript noch an den Kiepenheuer-Verlag vermittelt, der es annahm, aber nicht mehr publizieren konnte, die Nazis waren schneller. Es fiel in die Hände der Gestapo, die es aber an den Verlag zurückschickte, da sie es für eine Sammlung von Südsee-Märchen hielt: Kiepenheuer hatte das Manuskript in eine alte Landkarte von Indonesien mit einer neu eingezeichneten Insel »Molussien« eingebunden. Über Brecht bekam Anders das Manuskript zurück. Da er aber wußte, daß sein Name in Brechts Adreßbuch stand, das in die Hände der Gestapo gefallen war, flüchtete er nach Paris. Das Manuskript wagte er nicht mitzunehmen. Freunde versteckten es, in Pergament eingewickelt, zwischen »Dauerwürsten und Schinken« in einem Rauchfang. Monate hing es dort, bis Anders' damalige Frau, Hannah Arendt, ebenfalls nach Paris emigrierte. Sie brachte den wundersam duftenden Roman mit, der nun einer anderen Bestimmung dienen sollte: »Da wir nämlich zuweilen nicht gerade ganz satt wurden, benutzte ich das Manuskript gewissermaßen als *Duftsauce.* Ich roch an ihm, wenn ich mein baguette aß«, erzählt Anders.[7] Der Versuch, die *Molussische Katakombe* nun in Paris zu publizieren, scheiterte aber nach der ungefähren Erinnerung von Anders am Lektor des einzigen deutschsprachigen Verlages in Paris, der dafür in Frage gekommen wäre: Ein »gewisser Herr Sperber« hatte es angeblich mit den Worten: »Und das halten Sie für linientreu?« zurückgewiesen. Manès Sperber, damals noch orthodoxer Stalinist, spürte wohl — sofern diese Geschichte stimmt[8] —, daß es Anders in der Tat nicht um Parteilichkeit, sondern um Wahrheit ging. Später, viel später, sagte Anders zum Fall dieses Intellektuellen, der sich dann als Antikommunist bejubeln lassen sollte: »Ich halte es für moralisch abgeschmackt, wenn sich Männer (oder Frauen) die Tatsache, daß *sie nicht mehr die sind, die sie einmal gewesen waren,* als Tugend loben lassen.«[9] Der Roman aber, der ein poetisches Schlüsselwerk für die Analyse des Faschismus hätte werden können, und wohl nicht zuletzt deshalb einem Stalinisten mißfallen mußte, ist sechs Jahrzehnte unveröffentlicht geblieben.

Aber wovon handelt nun dieses Buch? *Molussien,* Maulwurfsland — das ist ein fiktiver, von einem totalitären System beherrschter archaischer und archetypischer Staat am Vorabend einer Revolution. In seinen Gefängnissen, den Katakomben, erzählt seit Generationen immer der ältere Gefangene, der stets den Namen Olo annimmt, dem jüngeren, dem Neuankömmling, der immer Yegussa genannt wird, die »für die Fortsetzung des Freiheitskampfes notwendigen Lehren«

in Form einer Reihe von politischen Parabeln, die der Ältere
selbst einmal von einem Olo gehört hat; der jeweilige Yegussa
muß sie auswendig lernen, um sie weiterzugeben, für jene
Stunde, zu der die Wahrheit wieder ans Tageslicht wird treten
können. Wie eine Stafette werden die Geschichten weiterge-
reicht, die Gefangenen sind die »Meldereiter« der Wahrheit.
Und wie in *Tausendundeiner Nacht* wird, in der absoluten
Dunkelheit der Katakombe, in der sich die Gefangenen nie
sehen und die Wahrheit der Vernunft tatsächlich nur *verneh-
men*, das Erzählen der Geschichten zur Methode des Überle-
bens, die sich erst am Schluß, als die Wirklichkeit die Parabel-
kette einholt, aufhebt. Der letzte Yegussa nämlich, den der
Leser kennenlernt, wird sein Leben für den Freiheitskampf
opfern und damit einen Generalstreik und die siegreiche Revolution auslösen. Aufgeschrieben aber — und dies eine der
pointierten Konstruktionen des Romans — werden diese Dia-
loge von den »Angestellten des Terrors: den Gefängniskal-
faktoren, die gezwungen waren, die Worte der Gefangenen
Tag und Nacht abzuhören.«[10]

Der fiktive Herausgeber dieser Gespräche schreibt aber
selbst in einer Zeit der »allgemeinen Verhöhnung des Geistes« und der »organisierten Verdummungen« — und das ist
mehr als nur eine deutliche Anspielung auf den Nationalsozialismus, es ging Anders bis zuletzt um den Kampf »gegen
die Lüge für die Sache der Vernunft«.[11] Wie vertrackt allerdings das Verhältnis von Lüge und Wahrheit ist — davon will
dieser Roman zeugen. Denn seine These ist, daß in einer Zeit,
in der »jede Lüge (schreit): *Auch ich bin wahr*«, die Wahrheit
selbst nur Gehör findet, wenn sie sich als *Lüge* präsentiert.[12]
Darauf hinzuweisen, daß solches jenseits der Propaganda-
mechanismen des Faschismus seine Gültigkeit behält, ist
wohl überflüssig angesichts eines Denkers, der als erster die

strukturelle Lügenhaftigkeit moderner Medientechnologien analysierte und angesichts einer Gesellschaft, in der Verlogenheit längst zum guten Ton ihrer höchsten Repräsentanten gehört.

Die Situation der Gefangenen in den Katakomben konstituiert den Rahmen, in dem sich das eigentliche Geschehen des Romans, die *Fabel*, ereignet. An einer Stelle reflektiert Olo den Sinn und Gebrauch der Fabel selbst: »Fabeln sind keine Abbilder, sondern Apparate«, belehrt der Ältere den Jüngeren, ein Apparat nämlich, der »richtig stellt und handgreiflich sichtbar macht, was wir handgreiflich behandeln und bekämpfen wollen«.[13] Die Fabel wirkt wie ein Mikroskop. Sie ist deshalb auch keine literarische Form, die einer Deutung bedürfe: »Es ist peinlich, Fabeln oder Sprichwörter zu erklären. Sie selbst sind Erklärungen. Und eine bessere Sorte als alle anderen: denn zugleich sind sie Warnungen. Müssen sie übersetzt werden, so beweist dies die schlechte Qualität. Und sind sie übersetzt, so klingen sie gewöhnlich und sind wirkungslos.«[14]

Die Fabel selbst also wird zum Instrument des Kampfes im Roman. Die Schärfe des Spotts muß sich so auch über jene Kunst ergießen, die im »Museum für zweckfreie Kunst« steht, und dort, wie der Wegweiser mit der Aufschrift »Zur Volksküche« den Hungrigen solange narrt, bis dieser begriffen hat, daß Kunst nur etwas für Satte ist.[15] Die Fabel also soll unmittelbar wirken, die Augen öffnen. Die Fabel stellt die Dinge unverblümt dar — vergrößert vielleicht, aber verzerrt nicht. Die Geschichten aus, um und über Molussien werden zu *fabelhaften* Paradigmen der Weltgeschichte, der sozialen Lage, der Lage der Intellektuellen, der politischen Situation. Es ist die bis ins Groteske fortgetriebene Wahrnehmung, die in der Fabel die Wirklichkeit zur Erscheinung zitiert. Wenn Yegussa vom Brauch der molussischen Magnaten erzählt, sich neben ihren Hauslehrern, Haushunden, Hausgärtnern und Hausmusikern auch »Hausbettler« zu halten, »um so ihren sozialen Pflichten nachzukommen und ebenso wie ihre ästhetischen und geistigen auch ihre seelisch-moralischen Bedürfnisse zu befriedigen«, was so weit gehen kann, daß sich manche Wohlhabende in ihren Parks ganze Pariaviertel anlegen[16], so erhellt dies zum Beispiel drastisch eine Beziehung zwischen Wohlstand und Not, die quer zu allem Moralismus gerade diesen als eigentlichen Zynismus entlarvt.

Bei allem aber ist die Fabel frei von jener falschen Euphorie, die ihrem Autor wahrscheinlich *Linientreue* bescheinigen hätte können. Bevor er noch sein Leben für eine Revolution geopfert haben wird, weiß Yegussa: »Eine Revolution ist schwerer, als ich gedacht hatte […] Denn sie beginnt einen Tag nach dem Siege der Revolution.«[17] Die Radikalität der Fabel aber wendet sich auch gegen diese selbst. Yegussa fragt den Älteren: »Ziehst Du Deine Kraft *nur* aus der Verzweiflung und gar nicht aus der Hoffnung«, um dann dessen Schweigen mit folgenden Worten zu quittieren: »Ich glaube, *Du bist verliebt in die Größe Deines Unglücks. Und Du hassest die willkommenen Erleichterungen.*«[18] Es erstaunt, wie sehr schon beim jungen Günther Anders das Oszillieren zwischen der produktiven Kraft der Verzweiflung und der Kritik an der Hoffnung das Denken bestimmte – und es gehört vielleicht zu den bitteren Erfahrungen dieses Jahrhunderts, daß Yegussas Vermutung ihr Recht völlig verloren hat, ohne deshalb an Gültigkeit eingebüßt zu haben.

Die molussische Katakombe kann aber auch als philosophisch-politischer Schlüsselroman gelesen werden. Hinter dem in Molussien herrschenden Burru und seinen Anhängern kann man unschwer die Nationalsozialisten erkennen, hinter Prem und den Premisten Marx und die Kommunisten, Ursien, in dem zwar die Revolution gesiegt hat, aber auch nicht alles zum Besten steht, ist als UdSSR zu entziffern und der molussische Sklavenphilosoph Regedie, der mit seiner Lehre vom Sein zum Tode die Sklaven davon abhält zu erkennen, daß sie, unrentabel geworden, ganz profan zum Tode verurteilt sind, ist leicht als der verkehrt geschriebene (H)eideg(g)er zu dechiffrieren.[19]

Natürlich ist die *Molussische Katakombe* auch didaktische Literatur. Allerdings eine, die dieses Prinzip in sich aufnimmt, indem sie es zum Konstituens ihrer Form macht: Die Fabel belehrt nicht plump den Leser, sie belehrt die Protagonisten des Romans, und wird so zu dessen Strukturprinzip. Was sich damit aus den Gesprächen der beiden Gefangenen in der molussischen Katakombe kristallisieren läßt, was als Kosmos dieser Fabeln erscheint, sind die Konturen eines imaginären Landes, das man als inverses Atlantis bezeichnen könnte. Was Anders angesichts des Faschismus versuchte, war nichts weniger als eine *negative Utopie* des totalitären Staates: In der Fabelkette werden Herrschaft, Ausbeutung und Lüge, die Ingredienzien der Macht und die Korrumpierbarkeit der Intellektuellen, die Mechanismen der Infiltrierung und die Subtilitäten der Kontrolle zu mehr als zu einer Satire auf eine historische Epoche. Denn eine negative Utopie ist der Nicht-nicht-Ort — also allemal noch die Wirklichkeit. Molussien aber wurde für Anders zu einer Chiffre seines Denkens. Eingestreut in seine theoretischen Analysen der modernen Industriegesellschaft, versteckt in seinen Reflexionen über die atomare Bedrohung, eingeschmuggelt in seine Philosophie der Technik zitierte Anders immer wieder Sprichwörter und kleine Geschichten, fiktive Texte und Gedichte aus diesem nie näher bestimmten Land, als ob damit ernstzunehmende Belege für seine Thesen gefunden wären. So verweist er im 1. Band seines Hauptwerkes über die *Antiquiertheit des Menschen* zur Erläuterung seines Begriffs der *prometheischen Scham* auf ein »molussisches Industrielied«: »Ach im Umkreis des Genauen/ziemt uns kein erhobnes Haupt./Dingen nur ist Selbstvertrauen/nur Geräten Stolz erlaubt.« Und als »Nachweis« für diese Belegstelle heißt es dazu in einer Fußnote: *»An die Zahnräder. Aus den Molussischen Industriehymnen.* Deutsch von G.A.«[20] Und im 2. Band der *Antiquiertheit* wird, zur Entlarvung der Mechanik des Konsumterrors aus einer »fragmentarischen Hymne« der molussischen Industriellen zitiert, die den ironisch-makabren Titel *Kraft durch Freude* trägt und deren Refrain lautet: »Unsre Kraft — durch ihre Freude [...] Lob und Preis den Konsumenten/Unseren Geheimagenten.«[21] Und nicht selten beginnt oder endet ein Kapitel bei Anders mit der Weisheit eines »molussischen Gnomikers«: »Mißtraue dem Ersten. Denn wo du zwei rennen siehst, da ist, der den Vorsprung hat, gewöhnlich der Dieb, und der hinterherrennt, der Bestohlene.«[22] Unter den Gedichten von Günther Anders findet sich das Lied einer *Molussischen Hofsängerin*, in dem es heißt: »Ich bin ein gut molussisch Kind./Nur daß meine Mutter trank,/nur daß wir eben Gesindel sind,/nur daß ich abends als Findelkind/auszieh auf Männerfang.«[23] Und die Erzählung *Der Ahnenmord* fingiert eine ethnologische Abhandlung über Molussien und zitiert ungeniert aus *Molussic Studies, a Symposion,* Princeton 1952 sowie aus dem Standardwerk *Molussic Proverbs,* London 1949. In einer Fußnote dieser »Abhandlung« heißt es: »Daß die molussische Sprache für *Lieben* und *Bestätigen* nur ein einziges Zeitwort kennt, das ist philosophisch ertragreicher als manche dickleibige Liebesmetaphysik.«[24] So hat Anders selbst auch

130

keine Liebesmetaphysik geschrieben, aber immerhin über seine diesbezüglichen Beobachtungen im amerikanischen Exil Aufzeichnungen geführt, die unter dem Titel *Lieben gestern* erschienen sind und sehr viel von dem ausführlich reflektieren, was diese molussische Fußnote andeutet.

Molussien — das scheint also für Günther Anders ein selbstentworfener Privatmythos, ein magischer Bezugspunkt des Denkens geworden zu sein, der es ihm erlaubte, Beobachtungen, Ideen, Einsichten und Reflexionen in einer Weise zu formulieren, die jenseits der Regeln wissenschaftlicher Verbindlichkeit liegen, aber gerade deshalb unverblümter, direkter, unmittelbarer wirken können. Das fiktive, nur vordergründig archaische Molussien, eingeschmuggelt in eine philosophische Abhandlung über den Zustand einer hochtechnifizierten Gesellschaft, wird zu einer metaphorischen Geste, die pointiert und ironisch auf jene Wahrheiten verweist, deren nahezu unannehmbarer Charakter Direktheit kaum mehr zuzulassen scheint.

Unter den weiteren literarischen Arbeiten von Anders sticht ein 1946 entstandener, 1987 erstmals publizierter Text besonders hervor: *Mariechen. Eine Gutenachtgeschichte für Liebende, Philosophen und Angehörige anderer Berufsgruppen.* Im Stile eines Lehrgedichts und in trochäischen Rhythmen wird hier als zartes Liebesgeflüster eine Geschichte erzählt, die, jenseits der großen Themen, die Anders ansonsten beschäftigten, eine Fülle von Einsichten, Überlegungen, wundersam fabulierten Begebenheiten und Pointen bereithält, die wohl zum schönsten gehören, was Anders geschrieben hat.[25] Doch die späteren Erfahrungen haben ihn vorsichtig gemacht — zumindest, was die Durchschlagskraft, vielleicht auch was die Berechtigung von Poesie überhaupt betrifft. Tagebuchnotizen, die Anders 1954/55 veröffentlichte, heben an mit den zweifelnden Sätzen: »Wozu noch dichten? Wen willst du erreichen mit dem, was du machst? In welche Situationen willst du ihn mit deinem Produkt bringen? Und wozu? Stoß die Frage nicht zurück.« Und wenig später heißt es dann, resignierend: »Den heute richtigen Sprachgestus zu finden, scheint mir zuweilen hoffnungslos. Als sei man dazu verflucht, hin und her zu kreuzen zwischen der Scylla des zu *Gebildeten*, zu Künstlichen, zu Esoterischen [...] und der Charybdis der unmittelbaren Massenwirkung oder des falschen Volkstones. Diese letzte Klippe ist wohl die gefährlichste: kein Klassizist, der eine vorgegebene geschichtliche Kunstform als Modell benutzt oder selbst auf eine Manier anspielt, kann je so unglaubhaft sein, so unehrlich wirken, wie der Klassizist des Naiven.«[26]

Anders weiß, daß mit der lauteren Absicht noch nichts getan ist. Diese realisiert sich erst in der sprachlichen Form, ist von dieser nicht zu trennen, muß mit ihr zusammenfallen: »Denn Stil ist soziale Eindeutigkeit der Sprachgeste.« Gerade weil es um Intention und Wirkung, um Engagement und Tendenz geht, wird die Frage nach dem adäquaten Stil zur entscheidenden. Diesen zu finden, wurde für Anders noch aus einem anderen Grund problematisch: »Dazu kommt als kaum zu bewältigende Schwierigkeit, daß die Ohren, die man zu erreichen sucht, durch Falsches oder zu Lautes, Lüge oder Gebrüll, verdorben oder betäubt sind.« Schärfer gesprochen, dem Dichter ist der Adressat abhanden gekommen, derjenige, dem es sich überhaupt lohnte, etwas mitzuteilen, weil er es noch verstünde: »Dichter anderer Perioden mögen mißverstanden worden sein, weil sie *auch* von falschen Ohren gehört wurden; aber wir singen *für* falsche Ohren, *nur* für diese, *weil* sie die falschen sind. Und wie sollte man da den richtigen Ton treffen?«[27]

Die Absicht des Lyrikers, des Dichters bleibt so unbestritten; aber er findet seine Sprache nicht mehr, und er hat sein Publikum verloren. Dem durch die Massenkultur zugerichteten Menschen ist auch die Fähigkeit zur Wahrnehmung von Kunst genommen. Kunst selbst wird anachronistisch: »Unser Bruder«, schreibt Anders, »ist der troglodytische Korbflechter, der ein Rohr allein suchte, allein schnitt, allein wässerte, allein wand und allein − verwendete.«[28] Daß Kunst, nehmen wir Lyrik als pars pro toto, auf sich zurückgeworfen wird, niemanden mehr anspricht, funktionale Kommunikation verweigert, wäre am wenigsten ihre Schuld. Viel später hat Günther Anders diesen Zustand in einer Positivität gedeutet, aus der die Verzweiflung dennoch mitspricht. In den *Ketzereien* heißt es bei Gelegenheit eines »Vorlesungsabend ›Konkrete Poesie‹«: »Kunst ist der letzte Versuch der zur pausenlosen Reproduktion von Produktionsmitteln verurteilten Menschheit, doch die Produkte herzustellen, die nur Produkte sind, nicht aber auch Produktionsmittel. Diese Objekte wünschen die Frage, wozu sie gut sein sollen, zu provozieren, um diese dann mit den Worten ›zu nichts‹ beantworten zu lassen.«[29] Gesellschaftliche Funktionslosigkeit wird zur letzten Funktion von Kunst.

Trotz allem sind Anders' eigene literarische Arbeiten zu einem guten Teil einem lehrhaften Gestus verpflichtet. Eine von ihm bevorzugte Gattung, die er virtuos auch außerhalb der *Molussischen Katakombe* zu handhaben verstand, ist die Fabel. Selbst der Philosoph wird zum Fabelwesen: »›Worte putzen, das überlasse ich dir‹, meinte der Halbphilosoph. ›Mir liegt allein an der Wahrheit.‹ ›Ärmster!‹ rief der Philosoph. ›Warum Ärmster!‹ ›Weil du nun auf beides verzichten mußt.‹ ›Auf beides?‹ ›Jawohl. Auch auf die Wahrheit.‹ ›Auf welche?‹ ›Auf die Wahrheit über die Wahrheit.‹ ›Und die lautet?‹ ›Daß sie nur durch geputzte Scheiben hindurchscheint.‹«[30]

Als Fabelwesen ist der Philosoph der Verbindlichkeit des Begriffs vorerst enthoben. Der Weg vom Bild zum Begriff wird hier noch einmal gegangen, allerdings zurück. Die Begriffe werden zu poetischen Bildern, ohne daß sie dabei ihre Geschichte als Begriffe verlören. Indem die Fabel das Bild der Wahrheit als eines deutet, das durch die Sprache scheint, gibt sie den Blick wieder frei auf den Begriff selbst. Folgerichtig erscheint es, daß nun philosophische Begriffe von höchster Dignität und größter historischer Relevanz selbst zu Fabelwesen werden und sich durch die Geschichte, die von ihnen erzählt wird, selbst noch einmal deuten. In der *Kosmologischen Humoreske* hat Günther Anders dies versucht: zu erzählen, wie aus dem Nichts das Sein wird. Beide Zentralbegriffe abendländischer Ontologie werden personifiziert: Frau Nu, die Göttin des Nichts und der Leere, wird davon überrascht, daß plötzlich nicht mehr nur Nichts, sondern Etwas da ist — Bamba, der Gott, der zudem an seinem selbsterschaffenen Sein noch nicht genug hat und sich seine »Welt« schaffen will, die aber etwas »weniger sein« soll als er, gleichsam mit dem Nichts behaftetes Sein. Dazu bemüht er Frau Nu. Das Ergebnis dieser kosmischen Umarmung ist das Sein einer Welt, zu deren Bestimmung es gehört, einmal nicht mehr zu sein — sie muß sterben.[31]

Nicht nur philosophisches Denken, das Ästhetische selbst wird Günther Anders zum Gegenstand einer Geschichte. In der meisterhaften Erzählung — die Gattungsbezeichnung wird hier allerdings fragwürdig — *Der Ahnenmord* wird das Verhältnis von Ritual, Kunst und Geschichte zum Thema eines poetischen Textes. Aus Molussien wird eine Abhandlung archäologisch-ethnologischen Charakters übermittelt, die, versehen mit einem späteren Nachwort und vier Anhängen, den Gestus von Wissenschaftlichkeit imitierend, von einer Gräberstadt handelt, deren Besonderheit darin lag, daß ein uraltes Tabu die Menschen darin gehindert hatte, diese zu vergrößern, so daß im Falle eines Todes erst durch ein kompliziertes Ritual aus einer Grabkammer eine Leiche entfernt und gleichsam noch einmal getötet werden mußte, um Platz für den neuen Toten zu schaffen. Dem fiktiven Kommentator wird dieses komplexe, in allen Einzelheiten aufeinander abgestimmte Ritual zum Paradigma für Geschichte und Kunst überhaupt: »Keine Frage«, so deutet er, »die Geschichte selbst ist ein Prozeß nicht abbrechender Selbstliquidierung, selbst eine Art kontinuierlichen ›Ahnenmordes‹.« Und er stellt rigoros fest: »Unsere Geschichtsignoranz gehört zum Wesen der Geschichte selbst. [...] Die Entscheidung darüber, was wir heute geschichtlich wissen oder nicht wissen, ist in den Machtkämpfen der Vergangenheit bereits getroffen worden.«[32] Die Form dieses Rituals wird dann vom Kommentator als Bedingung des Ästhetischen interpretiert: »Was ich hier im Auge habe, ist also nicht so sehr, daß dasjenige, was wir ›Kunstwerk‹ nennen, aus (oft erschütternden oder sogar furchtbaren) Ritualhandlungen hervorgegangen ist — das trifft zwar zu, ist aber bereits eine Binsenwahrheit. Wichtig ist vielmehr in diesem Zusammenhang die Tatsache, daß wir Erschütterndes (also zum Beispiel musikalisch Überwältigendes), sofern wir es nur als geordnetes Ganzes auffassen können, auch ertragen, wenn nicht sogar genießen können. Das geht soweit, daß wir uns, um zu genießen, absichtlich erschüttern lassen, oder schließlich sogar, daß wir uns zum ausdrücklichen Zwecke des Genusses Überwältigendes und Unerträgliches, zum Beispiel Symphonien und Tragödien, selbst herstellen.«[33]

Anders greift damit auf Überlegungen der Ästhetik zurück, wie er sie schon in dem 1946 abgeschlossenen Buch über Kafka formuliert hatte: »Die Schönheit bei Kafka ist gorgonisch«, heißt es dort, und dieser Einsicht wird eine Affinität von Schrecken und Schönheit zugrunde gelegt, die selbst wiederum kausal strukturiert ist. »Den Alten (war) die Genealogie des Schönen aus dem Geiste des Entsetzens ganz vertraut«; inspiriert zweifellos von Rilkes erster *Duineser Elegie* bestimmt Anders »das Erhabene (oder das Übermächtige oder Erschreckende) selbst (als) das Schöne, sofern es auf die Ausübung seiner Übermacht verzichtet, sich also auf Distanz hält«.[34]

Das Übermächtige verzichtet also darauf, den Menschen Gewalt anzutun, der Engel bei Rilke so gut wie das Schloß bei Kafka. Und wenig später heißt es weiter: »Wo aber Distanz ist, da ist Schönheit immer mindestens möglich.«[35] Distanz wird gleichsam zur conditio sine qua non von Schönheit, von Kunst — ein Gedanke, den Anders schon in der *Weltfremdheit des Menschen* ventiliert hatte.[36] Man habe, heißt es im *Ahnenmord*, in »der Kunst selbst das Produkt der Spielnötigung zu sehen und zu erkennen, daß das Leben aus sehr reellen Gründen ›irreale‹ Attitüden entwickle und zu ›spielen‹ beginne: nämlich in der listigen Absicht, übermäßig ernste Situationen, denen es faktisch nicht gewachsen ist, durch deren Entwirklichung zu bewältigen.«[37] Als Spiel, als Ritual werden die Situationen so sehr eingeübt, daß sie, werden sie gelebt, nicht mehr in ihrem vollen Ernst begriffen werden. Kunst trennt den Menschen von seinem Leben, um es ihm zu ermöglichen. Allerdings, so müßte wohl gefragt werden, was ist das für ein Leben, das als solches nicht gelebt werden kann, weil es, ernst genommen, unerträglich wäre?

Anders weiß um die prekäre Dialektik, daß die Existenz von Kunst, oder zumindest einer bestimmten Art von Schönheit, den Zustand, dem sie entspringt, auch denunziert. So ist im Buch über Kafka zu lesen: »Nun gründet aber die, Schönheit ermöglichende, Distanz selbst noch einmal in der Tatsache der *sozialen* Distanz.« Diese soziale Distanz dann ausmessend, heißt es weiter: »Präzisiert man diesen Schönheitsbegriff soziologisch, so kann man ihn nur den Schönheitsbegriff des Unfreien nennen, genauer: den des Gerade-noch-Tolerierten, der, solange er leben darf, noch bewundert.«[38] Einzig an Brecht meint Günther Anders eine humane Form dieser Distanz entdecken zu können: »Immer ist er beides zugleich: direkt und distant«, schreibt Anders in den *Gesprächen und Erinnerungen*, » […] das macht seine (Brechts) Sprache auch so schön. Denn Schönheit scheint nur dort auf, wo die Einhaltung der Distanz die Würde des Angesprochenen intakt läßt. Durch seine Verfremdungstechnik hat (Brecht) diese Würde garantierende Distanz ausgebildet.«[39] Ansonsten jedoch hat Anders mit der aus sozialer Distanz entsprungenen Schönheit radikal gebrochen, nicht zuletzt unter dem Eindruck des Zweiten Weltkrieges und der Greuel des Nationalsozialismus: »Aber die Zeit solcher Bewunderung ist vorbei. Die Gaskammern haben sich geöffnet und geschlossen. Es gibt Wichtigeres zu tun heute, als die, als ›schön‹ dargestellte, Übermacht anzustarren. Dieser Schönheitsbegriff muß abgeschafft werden.«[40]

Nicht zuletzt aus diesen Überlegungen rührt auch Anders' umstrittenes endgültiges Verdikt über Kafka. Denn dieser ist für ihn »ein Realist der entmenschten Welt; aber auch deren Apologetiker«. Und: »Er ist von der Übermacht der verdinglichten Welt erschreckt; aber er gibt den Schreck in Form von Bildern weiter.«[41] Am Ende seiner Arbeit über Kafka, die mittlerweile auch die germanistische Fachwissenschaft zu schätzen beginnt[42], war Anders zu dem Schluß gekommen, dieser Dichter sei »zu Tode (zu) verstehen«[43] — es fragt sich, ob damit nicht überhaupt eine Möglichkeit angedeutet sein könnte, angemessener, das heißt radikaler mit Kunst umzugehen. Anders hatte seiner Kafka-Arbeit den Untertitel *Die Prozeßunterlagen* gegeben. Schon früh hatte man es als hybrid empfunden, dem Autor von *Der Proceß* gleichsam den Prozeß machen zu wollen.[44] Bei aller Fragwürdigkeit solcher Unternehmungen bleibt aber dennoch darüber nachzudenken, ob dies nicht auch eine adäquate Form der Annäherung sein könnte, der Kunst überhaupt den Prozeß zu machen — sie ins Kreuzverhör zu nehmen bezüglich ihres politischen, ökonomischen und moralischen Status'. Im Vorwort zu *Mensch ohne Welt* hat Anders solches angedeutet.

Das Verhängnis der Kunst, wie Anders es dort diagnostiziert, ist ihre Auflösung in den allgemeinen kulturellen Pluralismus. Pluralismus ist für Anders ein deutliches Signum für die Weltlosigkeit des Menschen. Ein Gedanke, der manchem befremdlich klingen mag, gilt doch der Pluralismus gerade als jenes Moment, das, wenn überhaupt etwas, für die Qualität unserer Gesellschaft bürgen soll. Für Anders jedoch ist Pluralismus vorerst säkularisierter Polytheismus, dessen Credo der rituelle Aufruf zur Toleranz darstellt. Deren immanenten Zynismus hatte er stets gegeißelt: Toleranz könne immer nur von oben nach unten praktiziert werden. Anders, der auch das moderne Sakrileg begeht, Lessings Ringparabel »problematisch« zu nennen[45] und damit quer zu aller Toleranzphilosophie, wie etwa der von Karl Popper, steht, gibt seiner Entfaltung des Toleranzbegriffes dann eine erkenntnistheoretische Wende mit einer moralischen Implikation: Toleranz ist die Bereitschaft, etwas als falsch Unterstelltes zu dulden. Oder: »Die Wahrheit des Pluralismus besteht darin, letztlich kein Interesse an der Wahrheit zu haben.«[46] Resultat ist dann ein »Polykosmismus«, das Nebeneinander einer Vielzahl von Welten, das schließlich umschlägt in einen »Akosmismus«. Die vielen Welten, die man gelten läßt, lassen keine Welt, an der man substantielles Interesse haben könnte, übrig.

Nicht in der Sache, wohl aber in der Beurteilung dieser Sache bezweifelt Anders jenen modernen Skeptizismus, der, wie bei Odo Marquard, ein »Lob des Polytheismus« verkündet, oder, wie bei Paul Feyerabend, lässig postuliert: »Anything goes«.[47] Solcher Pluralismus ist für Anders bloße Simultaneität«, reine »Juxta-position«, zusammenhangloses Nebeneinanderstellen also von Inhalten, die einander fremd, ja widersprechend sind, und sich dennoch nicht aneinander zu reiben scheinen. Heftig mokiert sich Anders darüber, daß es als Tugend gilt, dieser »kulturellen Promiskuität« zu frönen, während als provinziell, intolerant und unkultiviert derjenige sich beschimpfen lassen muß, der daran Anstoß nimmt. Als Barbar oder als Banause blamiere sich heute derjenige, der »unfähig bleibt oder sich dagegen sträubt, Wagner *und* Palestrina, Giotti *und* Klee, Nietzsche *und* Franziskus zugleich zu goutieren«, zu verehren.[48] Zu erwägen wäre aber, so Anders mit Schärfe, ob nicht Barbarei und Banausentum gerade durch dieses grundsätzliche »Zugleich« zu definieren seien: »Das nahezu sakrale Schlüsselwort des Zeitalters lautet *UND*.«[49] Es ist darauf hinzuweisen, daß Peter Sloterdijk in seiner Analyse der Informationszynismen zu einer ähnlichen Diagnose kam: »(Die Massenmedien) haben nur ein intelligibles Element: das *Und*. Mit diesem *Und* läßt sich buchstäblich alles zu Nachbarn machen.«[50]

»Kultur« beschreibt Anders in diesem Zusammenhang als das »Revier des ungültig Gewordenen oder des von vornherein Ungültigen«.[51] Religionen, Philosophien, Künste, Hegels Gestalten des objektiven Geistes also – zum Kulturgut geronnen, haben sie jede Verbindlichkeit eingebüßt, sind zur Harmlosigkeit neutralisiert – Gestalten des Ungeists. Günther Anders bezieht hier eine Position, die Affinitäten zur Kunstphilosophie der Kritischen Theorie nicht verleugnen kann und will: »Neutralisierung ist der gesellschaftliche Preis der ästhetischen Autonomie«, heißt es bei Adorno.[52] Was im Kontext der *Ästhetischen Theorie* Adornos oder einer »Ästhetik des Vorscheins« von Ernst Bloch immer auch als Potential für eine kritische oder utopische Dimension von Kunst, von Kultur gewertet worden war, richtet sich bei Anders mit einer unglaublichen Rigidität gegen die Kunst selbst, ihre Produzenten und ihre Konsumenten. Kultur definiere sich dadurch, daß in ihr weder nach philosophischer Wahrhaftigkeit noch nach moralischer Glaubwürdigkeit gefragt werde.

Damit steht für Anders Kunst selbst in Frage. Er insistiert darauf, daß, will Kunst ihre Legitimität bewahren, ihre Werke aus dem moralisch-politischen Diskurs nicht ausgeschlossen werden können. Daß dies nicht mehr gelingen will, daß das Schrecklichste als Kunstwerk problemlos konsumierbar wird, ist für Anders aber »primär keine geistige, sondern eine kommerzielle Tatsache«[53]: Kulturgüter aller Art beanspruchen das gleiche Recht auf Duldung, nicht weil sie etwas darstellten, das seinen Wert aus seiner eigentümlichen Beschaffenheit entfaltete, sondern weil sie das gleiche Recht darauf haben, »als Waren aufzutreten«. Dies nennt Anders das »fundamentale Gleichheitsrecht« unserer Epoche: »Die Grundlage der Demokratie im Kapitalismus ist nicht die Gleichberechtigung der Bürger, sondern die aller Produkte.«[54] Kultur, als freies Fluktuieren von Unverbindlichkeiten, wird nur möglich als Form universaler Prostitution: »Proudhons entsetzliches Wort, daß alle Frauen gleichberechtigt seien: nämlich als Huren, gilt von allen sogenannten Kulturprodukten und -erscheinungen.«[55]

Daß der Zusammenhang von Pluralismus und Weltverlust nicht einseitig auflösbar ist, wußte Günther Anders. Nicht zuletzt war er selbst erstaunt darüber, daß er dem Pluralismus gegenüber solche Aversionen entwickelt hatte. Nicht wußte er zu sagen, warum er die »gleichzeitige Geltung aller Geltungssysteme« als so »qualvoll« empfand[56] — denn er war sich durchaus im klaren darüber, daß er ohne diese pluralistische Kultur nicht der geworden wäre, der er geworden war. Günther Anders wollte die Kultur schmähen, ohne sie zu verschmähen. Gegen den Kulturbetrieb gewendet nahm er es sich heraus, die von ihm »beleidigte Kultur« gegen ihre »illegitimen Verteidiger« in Schutz zu nehmen.[57] Und als Philosophierender nahm er für sich in Anspruch, den »Wert der Kultur« in Frage zu stellen, nicht zuletzt deshalb, weil er sich zugute hielt — und das ist wohl eine treffende, vielleicht sogar überaus bescheidene Selbsteinschätzung —, im Unterschied zur Mehrheit der sogenannten »Kulturträger« einen »gewissen Beitrag zu dieser Kultur« geleistet zu haben.[58]

VIII. Schluß: Si Tacuisses ... oder: Der Philosoph als Barbar

Nein, Günther Anders hatte nicht geschwiegen. Er hat Stellung bezogen, sich eingemischt, hat polemisiert, gefordert, verurteilt, war starrsinnig, forsch, mitunter unhöflich, wirkte belehrend und apodiktisch, war hartnäckig, nie verbindlich, nie kompromißbereit, nie vergeßlich — und ist damit keiner der Philosophen geblieben, die still und bescheiden ihren Abschnitt aus dem Garten der Philosophiegeschichte zu beackern pflegen: »Wenn atomare Sprengköpfe lagern, kann man sich nicht damit aufhalten, die Nikomachische Ethik zu deuten.«[1] Damit hatte Anders seine Stellung zur philosophischen Tradition klargestellt. Sein Denken ging nicht von der Überlieferung, vom Text aus, sondern von der Sache. Weder betrieb er eine systematische Philosophie, noch trug er bei zur systematischen Erforschung von Philosophie. Er selbst hatte einmal sein Denken als »Okkasionalismus«, als Gelegenheitsphilosophie bezeichnet[2] — nicht aus Bescheidenheit, sondern aus »Hochmut«: weil er nicht den geringsten Wert darauf legte, ob Berufsphilosophen ihn als einen der ihren anerkennen oder nicht.[3]

Anders ging es nicht darum, wie das, was er tat, etikettiert wurde oder wird — auch die Termini Sozial-, gar Technikpsychologie schienen ihm durchaus denkbar —, sondern einzig und allein um die Phänomene, auf die er stieß, Gelegenheiten, die sein Denken provozierten. Und das konnte alles sein. Es gibt keine philosophiewürdigen und keine philosophieunwürdigen Gegenstände, auch am angeblich Nebensächlichsten — und Anders verweist dabei auf Georg Simmel, der solche Gelegenheitsphilosophie schon intendiert hatte[4] — muß sich die Reflexion entzünden können. Und dennoch: Anders kann nicht »ableugnen«, daß sich seine Untersuchungen, obwohl deren Gegenstände empirisch sind, von dem, was man gewöhnlich empirisch nennt, sehr wohl unterscheiden, denn er ist über die empirischen Funde weit hinausgegangen, indem er versucht hat, sie zu »deuten«. Und deutbar ist für Anders allein »Lebendiges« — denn nur solches kann sich äußern. Die Notwendigkeit zum Deuten ergibt sich, wenn »das Seiende« nicht verrät, was es eigentlich ist. Wenn die Produkte des Menschen als eine Form, vielleicht die entscheidende, seiner Äußerungen gefaßt werden — Entäußerungen —, aber durch ihr bloßes Sein noch nichts über sich verraten, steht hinter ihrer Deutung die Intention, zu verstehen, was der Mensch mit diesen Dingen eigentlich meint.[5]

Allerdings: Wenn das Verhältnis zwischen Mensch und Produkt sich umkehrt und nicht mehr der Mensch das Produkt, sondern dieses ihn prägt — »invertierte Prägung« nannte dies Anders —, gilt es, das deutend zu erfassen, was in der Struktur dieses Mensch/Produkt-Verhältnisses angelegt sein könnte: »Prognostische Hermeneutik« wäre die Disziplin, die Anders gerne betrieben hätte und die die Diskrepanz zwischen Mensch und Welt in immer neuer Weise herauszutreiben hätte.[6] Damit grenzte er sich selbstredend von einer naiven Futurologie ab, die nur technische und gesellschaftliche Entwicklungstendenzen hochzurechnen sucht. Anders ging es immer darum, und darin findet sein Philosophieren wohl seine letzte Bestimmung, was solches für den Menschen bedeuten kann oder muß.

Die klassischen Disziplinen und Begriffe der Philosophie können dabei für ihn durchaus eine neue Funktion bekommen. Anscheinend aus ihrem philosophischen Kontext gerissene Termini, wie etwa Heideggers *Dasein* oder Platons *Idee*, bekommen, in die technische Lebenswelt verpflanzt, plötzlich einen Erkenntniswert, der ihnen in ihrem System womöglich schon lange abhanden gekommen war. Die Begriffe vom Kopf auf die Füße zu stellen ist auch eine Methode von Günther Anders, ebenso wie jene der Übertreibung oder die der Karikatur. Der Wirklichkeit gegenüber verfährt das philosophische Denken wie ein Teleskop, das anscheinend weit Entferntes, kaum Sichtbares plötzlich vergrößert, aber unverzerrt ins Zentrum des Gesichtsfeldes rückt. Die gesellschaftliche Entwicklung der letzten Jahrzehnte läßt nach Anders allerdings historisch gewordene Formen des Philosophierens selbst obsolet werden. Unter den Bedingungen der atomaren Drohung etwa fallen für ihn Ethik und Ontologie zusammen. Auf seinen philosophischen Standpunkt hin befragt, bezeichnete er sich gerne als *ontologisch Konservativer,* »denn worauf es heutzutage ankommt, ist ja erst einmal die Welt zu erhalten, ganz gleich, wie sie ist«[7] — solches wendet sich kritisch gegen die elfte Feuerbach-These von Marx, nach der Philosophie selbst die notwendige Veränderung der Welt in Angriff zu nehmen hätte.

Und dennoch: Anders fühlte sich durchaus mit dem »Geburtsfehler des morbus metaphysicus« behaftet — und die »metaphysische Askese« um dessentwillen, was aufgrund der Weltlage getan und gedacht werden muß, ist für ihn »kein Kinderspiel«.[8] Er wußte um die Lockung eines abgehobenen philosophischen Diskurses, der in sich selbst kreist: »Ich gestehe, gar nicht selten / (wenn ich mich moralisch völlig / gehen lasse) scheint mir jede, / selbst die zweifellose Antwort /

145

ein Gemeinplatz, wenn verglichen / mit der Schönheit der Probleme.«[9] Und hin und wieder hat auch Günther Anders diesen »Versuchungen durch philosophische Fragen« nachgegeben, und, wenn auch nur in Stenogrammen, Notizen, Aufzeichnungen, ohne Anspruch auf System und Deduktion, seine Reflexionen über Gott und Welt, Wesen und Sein, Moral und Sinn zu Papier gebracht, nicht zuletzt, um die lockenden »Dämonen der Philosophie« um ihre Ansprüche zu betrügen. In diesen Zusammenhängen bricht dann immer wieder die Position eines kämpferischen Atheismus durch, bleibt er radikaler Aufklärer, reflektiert er — erhellender mitunter als seine professionellen Kollegen — über Kant und Hegel, Leibniz, Marx und Nietzsche. Ganz konnte er sich also den klassischen »philosophischen Plagegeistern«[10] nicht entziehen, und vieles, was er dabei notierte, wäre wohl zumindest wert, vom philosophischen Diskurs — wenn auch mit einigem Vorbehalt — beachtet zu werden.

Die Philosophie, der Anders sich verpflichtet fühlte, erinnert allerdings manchmal an den antiken Kynismus. In den unveröffentlichten Manuskripten zu den geplanten Fortsetzungsbänden seiner *Ketzereien* findet sich folgende Notiz: »Philosophie und Feierlichkeit vertragen sich wie Feuer und Wasser. *Verlachen ist die Grundattitüde des Philosophierenden:* in seinem Verlachen der *doxa*, der Vorurteile, der Sitten besteht sein lustiges Geschäft. Kant hat es sich herausgenommen, die Erde als ›Abtritt‹ der Welt zu verlachen, und dessen Haltbarkeit für ungewiß und überflüssig bezeichnet. Verlachen-Können heißt Frei-Sein. Ernst — freilich niemals Weihe — kommt in unser Geschäft allein dadurch, daß wir als Vorurteilsfreie verbrannt werden können. Es gibt Unverbrennbare unter uns: diejenigen Weihevollen, die keinen Philister dazu reizen, sie zu verbrennen. Die bekommen dann Friedenspreise. Versuchte man, sie anzuzünden, sie würden, wie man in Wien von schlecht funktionierenden Öfen sagt, ›brennen wie ein toter Hund‹.«[11]

Anders damalige Ranküne hatte einen Adressaten. Die Notiz entstand im Jahre 1982 und trägt den Vermerk: »Las in einem, mir von Piper zugeschickten, Jaspers-Band.« Die Distanzierung, die Anders hier von einem philosophischen Preisträger vornahm, war nicht nur eine des persönlichen Habitus und des Stils; es war eine der Sache selbst. An Anders selbst war nichts zu feiern. *Verlachen* als Grundattitüde des Philosophierenden — das kennzeichnet eine Dimension des Denkens von Günther Anders, die in den Charakteristika, die man ihm gerne zudiktierte, meistens fehlt: daß der Philosoph, der angeblich immer den *Ernst* der Weltlage im Blick hatte, der als säuerlicher *Prophet der Apokalypse* und rigider *Moralist* den Unmut der flotten Fortschrittsdenker auf sich zog, ausgerechnet in einem Lachen, das vor dem Sein des Seienden nicht haltmacht, die Quintessenz seiner Bemühungen sehen wollte, mag verwunderlich stimmen. Anders, der schon früh eine Philosophie der Scham entwickelt hat, wollte selbst stets schamlos sein — im unverblümten verlachenden Aussprechen dessen, was der kulturell vermittelte Konsens vornehm zu verschweigen pflegte. Als alle Welt begeistert und gebannt in die ersten Mattscheiben starrte, *verlachte* Anders die ontologische Zweideutigkeit der Fernsehbilder, wohl wissend, daß deren Reiz unwiderstehlich sein würde; als der ohnehin kaum wahrnehmbare Schock über den Abwurf der ersten Atombomben in eine Euphorie über die neue Technologie und ihre militärische und friedliche Nutzung umschlug, *verlachte* Anders diese Dummheit und beging die unverzeihliche Schamlosigkeit, die Menschheit darauf hinzuweisen, daß sie sich damit die unwiderrufliche Möglichkeit der

147

Selbstvernichtung geschaffen hatte; als viele aufrechte Moralisten bei der Bewältigung von Auschwitz das Böse und Dämonische in den Schergen des NS-Regimes suchten, *verlachte* Anders diese Naivität und beging das Sakrileg, darauf hinzuweisen, daß der Genozid an den Juden möglich geworden war durch die Rationalität gerade jener arbeitsteiligen Industrialisierung, der wir unseren Wohlstand verdanken; und als alle Welt, vor allem die friedliebende, sich einig war, daß die Rettung dieser Welt ohne Gewalt zu geschehen habe, *verlachte* Anders diese Flausen und beging die Schamlosigkeit, den Einsatz von Gewalt als ultima ratio eines Kampfes um den Fortbestand der Gattung Mensch für unausweichlich zu erklären. Wer sich solcherart außerhalb der Übereinkünfte, Meinungen, offiziellen und offiziösen Sprachregelungen begibt, wer also die Sprache der medial vermittelten Feuilleton- und Kommentarkultur nicht spricht, ist zumindest schlecht sozialisiert: anstößig, ärgerlich, ungeliebt. Gemessen an den vielbeklatschten verbalen Kapriolen der Eigentlichkeitsdenker, kritischen Theoretiker und postmodernen Feuilletonphilosophen klang Anders' Sprache in der Tat lange Zeit schlicht ungehobelt. Anscheinend zu klar, um wahr zu sein.

Kein Kulturphilosoph, sondern einer der Barbarei hatte Anders sein wollen. Das meint zweierlei. Eine Rücksichtslosigkeit im Denken selbst, die sich bei Anders nicht zuletzt im Verlachen des Philosophenjargons ausdrückte, und ein Denken der Barbarei, also eine Reflexion auf jene Zustände, die ein nur allzuoft als Kultur gepriesener Fortschritt evoziert hat. Die Direktheit seiner Sprache, ihre unverblümte Apodiktik machte Anders bei vielen verdächtig; mißverstanden wurde er selten. Doch das, was er sagte, war so wenig geeignet, den vorherrschenden Diskurs der Kultur zu bereichern wie die Formen, in denen er sprach. Die Abneigung allerdings war wechselseitig. Akzeptanz hätte Anders zutiefst beunruhigt. Der Verlachende will auch von den Verlachten verlacht werden. »Wenn ich eines Tages«, so zitierte Anders gerne den molussischen Philosophen Mo, »nicht mehr verlacht werden sollte, dann würde ich erschrecken, aus Argwohn, etwas Falsches gesagt oder etwas Richtiges zu sagen unterlassen zu haben.«

Anläßlich eines Brandes in der Wiener Mariahilferstraße hatte sich Günther Anders einmal notiert: »Der Feuerwehrmann ist der Zwilling des Pyromanen. Auch er kann vom Feuer nicht lassen; er ist von diesem sogar so unwiderstehlich fasziniert, daß er aus ihm seinen Lebensberuf macht [...] Während meines Kampfes gegen die Atomgefahr habe ich mich zwar immer als Feuerwehrmann gefühlt. Dagegen zähle ich, wenn ich philosophiere, zu den Brandstiftern, in deren Reihe zu gehören ich mir als Ehre anrechne. Schändlich diejenigen Philosophen, denen es niemals zugestoßen ist, als Brandstifter beargwöhnt oder in flagranti ertappt zu werden.«[12] Die beunruhigende Diskrepanz zwischen den lockenden Abgründen eines radikalen Denkens und einem unbedingten, voraussetzungslosen Bekenntnis zur Menschheit kennzeichnet wohl mehr als einen Widerspruch, der das lange Leben des Günther Anders bis an sein Ende begleitete.

Günther Anders im Gespräch mit Konrad Paul Liessmann (13. Oktober 1990)

Günther Anders, was mich natürlich bewegt und interessiert ist folgendes. Sie sind im Jahre 1902 geboren, Sie haben als junger Mensch den Ersten Weltkrieg erlebt, Sie haben die Weimarer Republik erlebt, den Faschismus, Sie waren im Exil in Amerika, sind dann nach Europa zurückgekehrt, Sie haben sich sehr intensiv mit den technischen, den industriellen Entwicklungen dieses Jahrhunderts beschäftigt, Sie haben sich mit Auschwitz auseinandergesetzt, Sie waren derjenige, der zum ersten Mal auf die Gefahr der atomaren Drohung hingewiesen hat, und Sie erleben jetzt noch diese Veränderungen, diese Umbrüche und diese verschärften Krisen in Europa und der Welt. Was empfinden Sie, was denken Sie, wenn Sie auf dieses Jahrhundert zurückblicken, das Sie bewußt wie wenige erlebt, beschrieben und analysiert haben?

Ob auf ein so vielseitiges und mit verschiedenen Schrecken gefülltes Jahrhundert »eine« Antwort gegeben werden kann, das weiß ich nicht. Die Dinge, die Sie erwähnt haben, sind so verschiedener Art, daß es kaum möglich ist, mit einer Reaktion und mit einer Hoffnung oder einer Verzweiflung darauf zu reagieren. Ich glaube in der Tat, daß alles sich zurückführen läßt auf die schlimme Tatsache, daß wir nicht mehr das, was wir selber sind und tun, als Vorstellende uns vor Augen halten können und daß wir darum — unter wir verstehe ich im Augenblick die Menschheit als ganze, die erst durch die atomare Situation eine ganze Menschheit geworden ist, weil sie sich im ganzen gefährden kann — ich glaube nicht, daß es noch möglich ist, in der kurzen Zeit der Menschheit als ganzer deutlich vor Augen zu führen, daß sie sich nichts vor Augen führt. Wenn man mir vorwirft, daß ich unverantwortlich hoffnungslos sei, so finde ich das noch immer besser, als unverantwortlich hoffnungsvoll zu sein. Sie wissen ja, daß ich mit Bloch darüber gesprochen habe und daß ich Bloch Vorwürfe gemacht habe, daß er einfach von der angenehmen Emotion der Hoffnung, wenn man sie eine Emotion nennen kann, nicht lassen konnte, aber er konnte sich nicht von Hoffnung trennen, ohne daß er mir irgendwie überzeugend hätte erklären können, was durch die bloße Tatsache, daß wir noch weiter hoffen, schon geschafft wäre. Denn die Hoffnung schlägt nicht von sich selber um in Aktion. Ich glaube viel eher, daß meine Verzweiflung in Aktion umschlägt als die Hoffnung, und ich glaube auch, daß ich in dieser verzweifelten Situation mehr getan habe als diejenigen, die sich auf die Hoffnung als Prinzip zurückziehen. Ich finde es auch ganz falsch, die Hoffnung ein Prinzip zu nennen, sie ist eine unberechtigte Emotion, aber kein Prinzip, und im Grunde genommen hat auch Bloch niemals erklärt, wie er die Hoffnung psychologisch einordnet. Es war ihm so selbstverständlich, daß es besser werden wird und immer besser werden muß und gar nicht anders als besser werden kann, daß er sich eigentlich auf die Diskussion des Problems der Hoffnung niemals eingelassen hat.

Es ist nun so, daß sehr viele Menschen die Veränderungen in Europa im letzten Jahr natürlich positiv beurteilen. Die Entspannung zwischen den ehemaligen Supermächten und Konkurrenten, zwischen der USA und der UdSSR, scheint für viele ein Indiz, ein Hinweis dafür zu sein, daß diese atomare Bedrohung, von der Sie immer sprechen, über die Sie immer geschrieben haben, daß diese atomare Bedrohung jetzt weniger bedrohlich geworden sei.

Das halte ich für eine Illusion. Erstens ist die Zahl der atomaren Waffen, sofern man überhaupt diese monströsen Gegenstände noch Waffen nennen kann und darf, ist die Zahl der großzügig nach dem Verzicht übrig gelassenen Waffen absolut ausreichend, um sich gegenseitig mehrere Male umzubringen, außerdem ist es völlig ausgeschlossen, die Geheimnisse der Herstellung atomarer Waffen für sich zu behalten. Wer kann garantieren, daß nicht irgendein kleines Land, das die Chance sieht, Großmacht zu werden durch den Besitz der atomaren Waffen, daß dieses kleine Land diese Chance nicht ausnutzt, die ist unwiderstehlich: So sehr ist Allmacht noch niemals angeboten worden wie diesmal und die Tatsache, daß also jetzt eine gewisse Verständigung zwischen den Vereinigten Staaten und Sowjetrußland eingetreten zu sein scheint, eine Verständigung, der ich wenig Vertrauen entgegenbringe, da ich weiß, daß die gesamte Flotte, die im Mittelmeer ist, schwer atomar gerüstet ist, also während man sich da verständigt, wird ja die Drohung von gestern noch weitergeführt. Ich glaube nicht, daß die atomare Gefahr durch die Tatsache der Verständigung, einer Verständigung, die auf dem wirtschaftlichen Zusammenbruch beider beruht, sich vermindert. Ich bestehe darauf, daß diese Gefahr die gleiche bleibt, wann und wo es stattfindet, weiß ich nicht, die Situation kann innerhalb kürzester Zeit eintreten, denn wir können die Situation überhaupt nicht übersehen, kein Mensch übersieht sie, weil zuviele Dinge gleichzeitig übersehen werden müssen und die letzten, die das übersehen können, sind die Herren in Washington, die ja keine Politiker sind und nie Geschichte studiert haben. Die ja durchweg, beinahe prinzipiell, ganz ungebildete Leute sind: Truman hatte niemals etwas von der Französischen Revolution gehört, und Reagan hat nie in seinem Leben eine Zeitung lesen können, noch nicht einmal eine englische, es wurde ihm im Fernsehen präpariert, die jeweils gestrigen Ereignisse. Also diese schwierige Situation, diese vielseitige Situation, diese Bedrohung durch die verschiedensten Mächte — wer hätte je von der Renaissance des Islam geträumt vor zehn Jahren? — das ist alles so unübersehbar, und da die Waffen existieren, werden sie in unübersehbaren Situationen von irgend jemandem zuerst eingesetzt werden, und wer dann der Zweite ist, ist nicht abzusehen. Der Effekt wird gar kein Krieg mehr sein, denn der Effekt wird so furchtbar und universell sein, daß dieses Geschehnis einen Krieg zu nennen bereits eine Verniedlichung darstellt. Oder eine Pathetisierung, eine Verfeierlichung, eine Solennifizierung, was ebenso schlimm ist.

Mir drängt sich natürlich gerade in dieser Zeit, Ihnen gegenüber, noch eine andere Frage auf. Sie sind in Breslau geboren, Sie sind 1933 nach Paris emigriert und Sie sind dann, 1950, aus dem amerikanischen Exil zurückgekehrt, nicht nach Westdeutschland, nicht nach Ostdeutschland, sondern nach Wien. Wie sehen Sie die ja erst vor kurzem und sehr rasch erfolgte deutsche Einigung?

Ja, dazu möchte ich, nachdem ich so lange nicht in Deutschland war und mich seit so langem nicht mit Deutschland identifiziere, denn ich bezeichne mich nicht mehr als einen deutschen Schriftsteller oder als einen deutschen Denker oder wie immer die pathetische Berufsbezeichnung lauten möge, dazu möchte ich eigentlich nicht Stellung nehmen. Ich finde auch, daß die bisherigen Stellungnahmen sehr undeutlich waren, gleich ob das Günther Grass war, den ich sehr hoch schätze und liebe, oder ob es Martin Walser ist, dessen Überzeugungen sehr rasch, und ich habe ihn als einen orthodoxen Kommunisten gekannt, gewechselt sind, mit denen würde ich mich vielleicht unterhalten, aber ohne eine bestimmte Position vertreten zu können und zu wollen. Ich halte mich ganz programmatisch zurück. Ich bin im Jahre 1933, sehr bald nach meiner Auswanderung, und ich bin rasch geflohen, da ich auf der Liste von Brecht stand, ausgebürgert worden, und da weder der westliche noch der östliche Teil von Deutschland irgendeinen Anlaß gesehen hat, vielleicht zu fragen, dürfen wir diese Ausbürgerung denn nicht rückgängig machen, es tut uns leid, daß Sie als Verbrecher ausgebürgert worden sind, da das nie geschehen ist, habe ich keine Ursache, mich einzumischen in die deutsche Politik. Das kann ich nicht mehr, das darf ich nicht mehr, es wäre ehrlos und aufdringlich.

Das heißt, Sie wollen auch keine Stellung beziehen zu Befürchtungen, die geäußert werden bezüglich eines wiedererstarkten Deutschland oder zu Hoffnungen, die diesbezüglich geäußert werden?

Hoffnungen wage ich nicht zu äußern, aber daß es mich mit einer gewissen Angst erfüllt, daß Deutschland, das nun mehr als 80 Millionen Einwohner haben wird, das Machtzentrum und das industriell führende Land Europas sein wird, daß mich das mit Angst erfüllt, umso mehr, als jetzt bereits eine starke Bewegung gegen die Einwanderung der fliehenden russischen Juden eingetreten ist, es ist also so etwas wie Fremdenhaß schon aufgetreten in der kurzen Zeit, seit die Grenze zwischen der BRD und der DDR gefallen ist, seitdem sind schon sehr viele symptomatische und schreckeneinflößende Dinge passiert, und ich kann also nicht sagen, daß ich darüber juble, sondern es erfüllt mich mit Schrecken. Ich habe es im Jahre 1932/33 erlebt, ich habe erlebt, wie das Gebell von Hitler, das über das Radio kam,

Hunderttausende und Millionen unbegreiflicherweise, schon aus Geschmacksgründen unbegreiflicherweise fasziniert hat, und es braucht wieder nur ein demagogisch so begabter — man hat nämlich Hitler außerordentlich unterschätzt, besonders wir Linken haben ihn ganz unterschätzt, und die Beiworte, die wir ihm gegeben haben, wie Tapezierer und ähnliche Dinge, waren einfach läppisch — es braucht nur ein populistisch begabter Mann aufzutreten, und er wird ..., da so viel Macht hinter dem gegenwärtigen Deutschland und hinter dem aufgepäppelten Westdeutschland steht, das ja nicht durch eigene Kraft so groß geworden ist, sondern weil es den Marshall-Plan gegeben hat, dadurch ist es ja so rasch ein reiches und industriell so potentes Land geworden. Nein, ich sehe diese Einigung von Deutschland Ost und West mit großer Sorge, habe aber auch mit großer Sorge die vollkommene Bürokratisierung der DDR, die wirklich ja mit Sozialismus nichts zu tun hatte, beobachtet, umso mehr mit Sorge, als sie sich weiter stur gehalten hat, während bereits in den anderen Ostländern, um von Sowjetrußland ganz zu schweigen, die ersten Aufweich- und Selbstdistanzierungsaktionen akut wurden. Die DDR hat ja am langsamsten reagiert, sonderbarerweise.

In dem Zusammenhang drängt sich ja noch eine Frage auf. Von sehr vielen wird der Zusammenbruch des sogenannten realen Sozialismus gleichsam als eine welthistorische und wohl auch geschichtsphilosophisch zu interpretierende Niederlage des Marxismus und der marxistischen Idee gesehen. Nun waren Sie ja nie deklarierter Kommunist oder Marx- ...

Ich war nie Parteisozialist, aber ich stand selbstverständlich, besonders also der Sprachkritik von Marx, durchaus positiv gegenüber. Ich würde denken, daß ich da auch relativ selbständig war, also zum Beispiel meine Kritik des amerikanischen Idioms während des Vietnamkrieges, ich habe da gewisse Dinge von Marx fortgeführt, gar keine Frage, und ich würde ihn als ganz großen Mann bezeichnen. Ich würde auch nicht sagen, daß es nun ein Beweis ist, daß der Kapitalismus gewonnen hat; der Kapitalismus hat immerhin mehrere Weltkriege hervorgerufen, das hat der Kommunismus nicht getan. Nicht wahr, der Erste Weltkrieg war zweifellos nicht von den Kommunisten verursacht, besonders der Krieg Hitlers gegen Europa und Sowjetrußland war nicht vom Kommunismus gemacht worden. Daß die kapitalistische Welt im besseren Lichte erscheint, weil die Vergötterung der Administration in Sowjetrußland zusammengebrochen ist, das halte ich für einen ganz falschen Schluß.

Sie haben sich Mitte der achtziger Jahre mehrfach zur Frage der Gewalt in bezug auf den Kampf gegen die atomare Drohung geäußert und sind auf sehr heftigen Widerspruch gestoßen. Wie sehen Sie jetzt, einige Jahre nach dieser Debatte, ihre damalige Position, den Widerspruch gegen diese Position und ihre Position dazu heute?

Also ich glaube, daß die meisten Aktionen auf Happenings hinausliefen, und das durch die zum Großteil eitlen Leute, die glaubten, daß sie wirklich zur Tat übergegangen seien, weil sie Happenings veranstalteten. Um die völlige Lächerlichkeit dieser Scheinaktionen bloßzustellen, habe ich auf den Ernst wirklicher Aktionen verweisen zu müssen geglaubt, und das glaube ich auch noch heute. Gegen Dinge, die ernst gemeint sind, denn es werden ja keine Happenings gegen uns veranstaltet, in Hiroshima ist ja nicht aus der Luft ein Happening veranstaltet worden, und Happenings reichen nicht als Aktion. Natürlich kann man ein gutes Gewissen bei einem Happening haben, weil man ja niemandem damit schadet, aber es kommt darauf an, daß man schadet, nämlich denen, die viel größeren Schaden verursachen könnten. Ich kann nicht sagen, daß ich Grundsätzliches zurücknehme. Ich reduziere das nicht, was ich geschrieben habe, es ist vielleicht damals sehr schroff von mir formuliert worden. Ich halte es für absolut notwendig, die Scheinaktionen, die man durchführt, um ein gutes Gewissen zu haben, als Scheinaktionen bloßzustellen. Die Reaktionen waren wirklich alle sehr kritisch. Sie hatten auch nicht den Mut zu sagen, ich schließe mich dem Günther Anders an. Trotzdem glaube ich, obwohl sie nicht den Mut einer direkten Bejahung hatten, daß das Problem selber durch die Schroffheit, mit der ich es beantwortet habe, viel mehr wieder lebendig gemacht worden ist, als es vorher war. Wie groß der Einfluß und Eindruck gewesen ist, ist nicht abmeßbar, auf diesen Gebieten gibt es keine Quantifizierungsmöglichkeiten, aber ich glaube, es hat nicht nur nicht geschadet, es hat genutzt.

Nun war es ja so, daß sehr viele Ihnen damals vorgeworfen haben, daß Ihr Standpunkt zu dieser Frage der Gewaltanwendung gegen die atomare Drohung eigentlich so etwas wie ein Aufruf zu terroristischen Aktionen gewesen wäre.

Ja, ich glaube, der Terrorismus besteht in der Bebombung von Hiroshima und in der Vorbereitung des Atomkrieges, und im Vergleich dazu sind diejenigen, die eventuell eine Fabrik angreifen oder, nennen Sie es ruhig, einen Terrorakt durchführen, daneben sind die Unschuldslämmer. Das gute Gewissen von Herrn Truman macht die Tat, die er begangen hat, nicht besser.

Aber stellt sich hier nicht trotzdem die Frage, ob, auch wenn es argumentierbare Terrorakte oder -anschläge auf Atomfabriken oder Atombombenfabriken wären, ob durch solche Aktionen das Problem wirklich gelöst werden kann?

Ohne das bestimmt auch nicht, und ob nicht der Schrecken derer, die das tun und denen das angetan wird, doch etwas erreichen würde? Jedenfalls wird es mehr erreichen, als wenn wir uns nur Händchen halten oder der Polizei nur Blümchen überreichen, das ist bestimmt weniger wirkungsvoll. Daß es hundert Prozent wirklich wirkungsvoll sein wird, habe ich nirgendwo gesagt, aber besser als Blümchen reichen, wie es sehr viel getan worden ist, ist es ganz gewiß. Ich bilde mir nicht ein und ich rühme mich nicht, irgendein endgültiges Mittel gegen die Atomgefahr gefunden zu haben, und meine Panik vor dem Terror, der durch die Möglichkeit der Selbstauslöschung der Menschen besteht, mein Horror davor, ist ganz gewiß ebenso groß wie der Horror all dieser angeblich ungeheuer moralischen Leute, die selbstverständlich weiter Waffen von einem Land in das andere schicken. Österreich inklusive.

Sie sprachen gerade von der Renaissance des Islam. Nun ist es so, daß wir jetzt in einer Zeit leben, in der wirklich eine unglaubliche und schwer beherrschbare Krise im Nahen Osten ausgebrochen ist, wie schätzen Sie diese Situation im Nahen Osten heute ein?

Das ist schwer zu beantworten, weil die Situation von Tag zu Tag sich verändert, aber mir scheint, und das klingt sehr pessimistisch, Pessimismus ist nur ein anderer Ausdruck dafür, sich nichts vorzumachen. Mir scheint die Tatsache, daß die amerikanische Regierung 150 000 oder 200 000 Mann, schwer bewaffnet, begleitet von der halben oder ganzen

Kriegsflotte, hinübergeschickt hat, zu den enormen Aktionen zu gehören, die nicht revoziert werden können. Es ist völlig unmöglich für die Amerikaner, nachdem sie um den halben Globus gefahren sind mit ungeheuren Mengen von Zerstörungswaffen, daß sie dann unverrichteter Dinge wieder zurückfahren. Das ist eine Situation, die sich Amerika einfach nicht leisten kann. Ich glaube, daß vielleicht die Situation ähnlich wie in Vietnam wird, aber ein gewisses Bewußtsein über das Nichtgesiegthaben in Vietnam ist in der amerikanischen Bevölkerung heute noch vorhanden, doch die Einsicht wird erst während des Krieges ausbrechen und keine politischen Konsequenzen haben.

Sehen Sie keine Möglichkeit, daß Saddam Hussein nachgibt, und die Krise dadurch entschärft wird?

Das glaube ich nicht, denn ich glaube, daß er sich wirklich hineingeredet hat in die Rolle und in die Position des Panislamsprechers und daß er sich selbst eine geistlich sanktionierte Heilsrolle zuspricht, obwohl heutzutage noch ein großer Teil des Islam ... Man vergesse nicht, der Islam reicht von Marokko bis zu den Sundainseln, es handelt sich um viele, viele Millionen Menschen. Ich halte es für ausgeschlossen, daß da jetzt wirklich so etwas wie eine Panislamitis ausgebrochen ist, auch in Ägypten, wo heute, wie Sie wissen, ein hoher Beamter bereits ermordet worden ist, weil man die ägyptische Haltung gegenüber dem Irak nicht bejaht, ich glaube nicht, daß ein Verzicht Husseins möglich ist, so wenig wie ein Verzicht Amerikas möglich ist. Beide haben sich festgefahren, beide sind zu weit gegangen, und Hussein würde vielleicht, wenn man ihm gewissermaßen völlig freie Hand über Israel geben würde, nachgeben, aber freie Hand wird man ihm nicht geben. Also ich sehe die Sache ohne Hoffnung an, was man mir sehr verübelt, daß ich so hoffnungslos sei, aber ich habe darüber vorhin schon gesprochen. Ich glaube, es ist hoffnungsvoller, ohne Hoffnung die Wahrheiten zu verbreiten, als überall Hoffnung auszustreuen, wie es Bloch getan hat, denn Trivialität und feierliche Hoffnungsmacherei sind nur die zwei Seiten einer einzigen Münze.

Noch einmal zurück zu Ihrer Person. Sie sind also nach der Emigration nach Österreich zurückgekehrt, Sie sagten vorhin, Sie fühlen sich nicht mehr als deutscher Schriftsteller ...

Doch, als deutscher »Schriftsteller« oder als Schriftsteller deutscher Sprache, und ich würde sogar sagen, daß mein Verhältnis zur deutschen Sprache, auch während der Emigration, ein leidenschaftliches und zärtliches Verhältnis war, denn das war das einzige, was einem gelassen worden war, und das einzige Gut, dessen man nicht beraubt werden konnte. Ich glaube auch, daß ich ein so vorsichtiger und präziser Formulierer gewesen bin, daß ich der deutschen Sprache nicht so viel angetan habe wie Hitler, Goebbels oder Kohl. Von österreichischen Politikern ganz zu schweigen, die ja wirklich zum Teil Analphabeten sind.

Sie leben jetzt vierzig Jahre in Österreich. Wie hat sich in diesen vierzig Jahren Ihr Verhältnis zu diesem Land und zu diesem Staat entwickelt?

Ja, das ist schwer zu beurteilen, ich habe natürlich ein paar Freunde hier, und ein paar Österreicher spielen in meinem Leben eine große Rolle, Österreicher der Vergangenheit, Männer wie Schubert oder Gustav Mahler, aber ich kann nicht sagen, daß ich in der Zeit innerlich ein Österreicher geworden wäre. Ich bin hergekommen, und es war eigentlich ein großer Teil dessen, was man meine Philosophie nennen könnte, teils partiell, teils durchdacht, schon da. Ich kann also nicht sagen, daß ich die österreichische Geschichte als meine Tradition nachträglich akzeptiert hätte, das wäre auch eine Unverschämtheit gegen Österreich, ich kann mich nicht als Österreicher bezeichnen. Die großen Österreicher habe ich als deutscher Knabe miterlebt, und es wurde mir nicht mitgeteilt, daß die Österreicher waren. Es galt selbstverständlich Schubert als deutscher Komponist, und ich bin nach Österreich gekommen, weil ich damals mit einer Österreicherin verheiratet war und weil ich herumschnüffeln wollte, wohin gehe ich, nach Osten oder Westen. Da ich mich weder mit Westdeutschland noch mit Ostdeutschland identifizieren konnte, habe ich weder das eine noch das andere angenommen. Die Frage »Soll ich nicht annehmen?« tauchte noch einmal auf, denn sofort, nachdem der erste Band meiner *Antiquiertheit* herausgekommen war, wurde ich von der Freien Universität in Berlin aufgefordert, das Ordinariat für Philosophie zu übernehmen. Das war im Jahr 1956, die Reaktion der Freien Universität war, glaube ich, 1957, ich war damals in der Vorbereitung meiner Antiatomschriften. Es war ja schon vorweggenommen worden in dem umfangreichen Aufsatz über die Apokalypseblindheit im ersten Band der *Antiquiertheit des Menschen*, und damals drängte sogar Gollwitzer, ich sollte das doch übernehmen. Aber ich war gerade in der Vorbereitung meiner Reise nach Hiroshima, und mir schien die Chance, da ich wirklich der erste gewesen war, der theoretisch die atomare Gefahrensituation formuliert hat, ein Verrat an dieser Aufgabe, nun eine rein akademische Stellung anzunehmen, die mich daran gehindert hätte, aktiv aufzutreten, und ich habe also

162

das Angebot des Ordinariats abgelehnt, was eine ziemlich ungewöhnliche Sache war, umso ungewöhnlicher, als ja die Universität in Berlin, die Freie Universität, nicht irgendeine Universität war. Aber natürlich ist die Tatsache, daß ich als Professor in täglichem Kontakt mit Studenten gestanden hätte, eine Chance, die zum Beispiel Adorno gehabt hat, der sein revolutionäres Philosophieren doch mit der Regelmäßigkeit des akademischen Lebens zu kombinieren versucht hat. Es war natürlich für mich ein Nachteil, daß ich die tägliche Verbindung mit Studenten nicht hatte und oft beinahe jahrelang aus den Augen der Studenten und der Jugend, also zum Beispiel im Jahre 1958, verschwunden bin, keine große Rolle gespielt habe, und damals mein Freund Marcuse zum Beispiel eine ungleich größere Rolle gespielt hat, der sich aber über die atomare Situation überhaupt nicht geäußert hat und sich bei mir persönlich sehr bedankt hat, daß ich es getan habe. Dann bin ich also hier geblieben, und was ich dann geschrieben habe, war relativ lokal unabhängig. Ich hätte es genau so geschrieben, hätte ich es in Kalkutta oder in Gera geschrieben, um also völlig zufällig herausgegriffene Städtenamen zu nennen, und ich glaube, man merkt meinen philosophischen Analysen nicht an, daß sie hier zu Dorfe geschrieben worden sind.

Sie wollten ja wohl ursprünglich, in jungen Jahren, eine akademische Karriere anstreben?

Ja und nein, das heißt, es war mir nicht ganz klar, ob meine Begabung eigentlich eine akademische ist. Ich bin ein ganz ungelehrtes Huhn, und die Voraussetzung, die die meisten, Philosophie dozierenden Professoren haben, nämlich mindestens eine Minimalkenntnis der Naturwissenschaft, die fehlte mir. Ich hatte also, Gott sei Dank und leider Gottes, hauptsächlich in Freiburg studiert. Ich hatte dabei die Chance des regelmäßigen Gesprächs mit Husserl, nicht mit Heidegger, der sehr zurückhaltend und sehr hochmütig, besonders gegenüber jüdischen Studenten, war. Studentinnen, jüdische, das hat ihn nicht sehr gestört, und ich habe also doch sehr viel dort gelernt, aber sehr viele Dinge überhaupt nicht gelernt, und bin also mit Naturwissenschaft und auch mit der Geschichte der Philosophie viel zu wenig in Berührung gekommen. Das hat große Mängel in meiner Bildung bewirkt, das kommt auch durch Husserl, der also Geschichte der Philosophie gar nicht kannte, für den die klassische deutsche Philosophie gar nicht existiert hat, wohl Kant, in späten Jahren, Hegel hielt er für unsinnig, für völlig unsinnig, von Schelling hatte er, glaube ich, noch nicht einmal von außen einen Einband gesehen, dadurch bin ich also ein Nichtleser und selber ein Philosophierender geworden. Das hatte vieles für sich gehabt, weil ich über die Sache selbst, wie Husserl das genannt hat, nachgedacht und philosophiert habe und nicht über das, was andere Leute über Philosophie oder über die Philosophie anderer Philosophen gesagt haben. Denn diese Iteration, daß man über das schreibt, was andere Leute über Schreiber, über andere Leute gesagt haben, das ist ja letztlich nicht sehr fruchtbar, und es ist vielleicht ganz gut, daß ein gewisses Minimum von Unbildung hie und da ausbricht und einen frischen und vorurteilsfreien Zugang zur Philosophie aufschließt. Und das ist es wohl bei mir gewesen, denn ich glaube, daß ich zum Beispiel die gegenwärtige kulturelle und instrumentelle Situation der Welt mit offenen Augen angesehen habe und daß ich aufgrund meiner eigenen Erfahrungen, die ich als Handarbeiter, Fabrikarbeiter gehabt habe, mehr über das Verhältnis des

Menschen zum Gerät und zur Maschine habe sehen können als Leute, die unendlich viel in den Büchern nachgeschlagen haben, wie es denn nun eigentlich mit den Maschinen aussieht. Diese Erfahrungen, die also bis heute kaum ein Philosoph gemacht hat, da ist wirklich das Unglück zur Chance geworden. Ich habe Erfahrungen gemacht, die Philosophen vorher nicht gemacht haben, und hatte durch die Vorbildung die Chance, diese Erfahrungen in Sprache umzusetzen. Ich habe versucht, das wirklich bis zum letzten auszunutzen, und ich glaube, daß mir das zu einem gewissen Grade auch nicht mißlungen ist.

Könnte man sagen, daß gerade Ihre Fähigkeit, diese konkreten Erfahrungen in der Fabrikarbeit, mit Maschinen, mit Geräten zu verbalisieren, diese Phänomene zur Sprache werden zu lassen, daß das auch zurückzuführen ist auf Ihr Studium bei Husserl, daß Sie sozusagen in gewisser Weise in der Tradition der Husserlschen Phänomenologie stehen?

Nein, ich glaube nicht. Husserl wäre nie auf die Idee gekommen, auch nur ein Gerät zu bedienen. Ich glaube nicht, daß das damit zu tun hat, sondern ich glaube, daß es einfach eine von Husserl völlig unabhängige, viel positivere Attitüde gegenüber der Wirklichkeit ist. Unter Wirklichkeit konnte ich nicht, wie Husserl, nur die Wahrnehmungswelt ansehen, von deren Existenz man sogar unter Umständen durch die sogenannte Epoché absehen konnte. Davon konnte man nicht absehen, wenn die Welt als Schicksal und als Macht einen in die Fänge genommen hatte, wie es bei mir als Emigrant der Fall war. Nein, das kommt nicht durch Husserl, das kommt auch nicht durch Heidegger, vielleicht spielt eine gewisse Rolle dabei der Marxismus, der eben fand, daß man nicht einfach nur Theorie machen darf, sondern einen Einblick in die Praxis von heute kennen muß, um überhaupt Theorie zeit- und weltangemessen zu formulieren. Aber das hat nichts mit meinen Lehrern zu tun. Mit meinen Lehrern hat es zu tun, daß ich wirklich präzise Phänomene beschreiben kann und die sprachliche Formulierung für mich als Aufgabe viel bewußter ist als bei den meisten. Mein Widerwillen gegen die Künstlichkeit der Sprache von Heidegger war so groß, daß das Verhältnis der Sprache zu den heutigen Phänomenen für mich eine große Rolle gespielt hat, und der Kampf um eine der heutigen Welt angemessene Sprache. Ich habe ja alle Formen des Sprachlichen versucht. Ich habe Fabeln geschrieben, ich habe Erzählungen geschrieben, ich habe Gedichte gemacht, ich habe mich in dem Raum der Sprache wirklich rechts und links und vorn und hinten umgeschaut und ausprobiert, was der richtige Ton ist, um heutige Menschen zu erreichen. Das scheint mir auch eine nicht unwichtige Formulierung, denn die meiste Philosophie kommt mir vor wie Briefe, die in ein Kuvert gesteckt werden, das nicht adressiert ist, und eingeworfen werden. Hätte ich den Husserl gefragt, ja, an wen richtet sich denn eigentlich Ihre Philosophie, an wen ist der Brief geschrieben — jedes Philosophieren ist ein Briefschreiben und zum Briefschreiben gehört ein Adressat —, er hätte nicht antworten können, während ich genau weiß, wen ich anspreche. Nicht nur die Akademiker, denn die Atombombe hängt nicht nur über den Dächern der Universitäten, und nicht nur Literaten, sondern alle Menschen, die bereit sind, wenn es einem gelingt, sie zu erschrecken, wirklich den Schrecken und die Angst aufzubringen, die allein sehend machen heutzutage.

Könnte man sagen, daß es, dieser Auffassung zufolge, die Aufgabe der Philosophie heute wäre, diesen sehendmachenden Schrecken zu vermitteln?

166

Ja, jedenfalls eine der wesentlichen Aufgaben, das würde ich durchaus bejahen und das habe ich auch häufig gesagt, woraufhin man mich natürlich stets als Panikmacher bezeichnet hatte, ein Wort, das ich gerne akzeptiert habe, denn ich finde, in einer Situation der Lebensgefahr, in der man lauter Blinde sieht, hat man die Blinden sehend zu machen, damit sie wirklich in Panik geraten und aus Panik der Gefahr ausweichen oder die Gefahr niederschlagen.

Wir sind nicht nur Konsumenten, sondern wir sind Publikum; als solches verlangen wir unser Vergnügen. Das geht so weit, daß wir sogar als Politiker unser Vergnügen wünschen, also wir wünschen zum Beispiel, wenn ein Wettbewerb ist zwischen zwei Kandidaten für eine Präsidentschaft, das war schon bei dem Wahlstreit zwischen Nixon und Kennedy, da kam es darauf an, ob der eine hübscher war als der andere, mehr »political sex appeal« hatte, schon diesen Ausdruck habe ich damals in einer amerikanischen Zeitung gelesen, »political sex appeal«. Unter diesen Umständen ist Kultur nicht möglich. Das war bereits so, als ich in Amerika war. Ich bin von Amerika fort seit 1950, also seit vierzig Jahren. Sie haben vorhin gefragt, das ist also ein bißchen anarchisch, wie ich das dazwischenbringe, warum ich zurückgekehrt bin – auch weil ich in Amerika niemals ein Buch hätte veröffentlichen können und weil ich niemals, und das hängt nun mit einer Sprachunbegabung von mir zusammen, niemals in der Lage gewesen wäre, meine eigene Sprache auf Englisch zu sprechen. Es sind ganz wenige, denen das gelungen ist, und ich würde sagen, es sind nicht die Allerbesten. Weder Thomas Mann noch Brecht sind auf die Idee gekommen, Englisch zu schreiben. Thomas Mann hat sich das übersetzen lassen, auch Adorno hat sich das übersetzen lassen, als er über Filmmusik mit Eisler zusammenarbeitete.

Gelungen ist das dem Marcuse, der aber keine originale Sprache, weder im Deutschen noch im Englischen, hat, gelungen ist es auch Hannah Arendt, aber ich weiß nicht, wie die englischen Texte, die ja sehr stark sind, entstanden sind, denn sie sprach nicht sehr schön Englisch und ihre geschriebenen veröffentlichten Texte haben ja ein ungewöhnliches Niveau. Ich bin vom Thema abgewichen, aber das mag Sie auch interessieren, daß ich also auch zurückgekommen bin, nicht nur, weil ich hoffte, ein nichtfaschistisches Europa mitschaffen zu können, sondern auch, weil ich nie in der Lage gewesen wäre, ein englisches Buch zu schreiben.

Ihre philosophische Hauptarbeit galt, seit 1945, eben der Analyse der atomaren Bedrohung ...

Das kann ich nicht sagen, so früh nicht. Ich war erst auf den Mund gefallen. Ich erinnere mich sehr genau, ich war in New York damals, und es kam übers Radio, und ich wußte zufällig Bescheid, da ich einen Physiker gekannt habe, einen sehr begabten Atomphysiker, der hatte mir erzählt, daß man in der Lage ist, aufgrund der Einsichten von Einstein ... Ich habe sehr wenig davon verstanden, ich bin physikalisch sehr ungebildet, ich wußte, daß die Möglichkeit der unübersehbaren Zerstörung gegeben war, so viel wußte ich. Als dann die Nachricht kam, am Abend des 6. August 1945, es ist genau fünfundvierzig Jahre jetzt hergewesen, da wurde ich bleich. Daß das etwas qualitativ und schicksalsmäßig völlig anderes war, haben die anderen damals nicht gesehen, und ich kann nicht sagen, daß ich in den ersten fünf Jahren, obwohl ich begriffen hatte, was da los war und daß es so unbegreiflich war, daß es die anderen nicht begriffen, ich war nicht in der Lage, darüber zu schreiben. Ich habe erst hier, also in Europa, angefangen, ich habe mich gezwungen darüber zu schreiben, und ich habe es ja beschrieben, wie es entstanden ist. Ich habe vor dem weißen Papier gesessen und versucht, über die Ungeheuerlichkeit zu schreiben, und fand nicht die Worte und konnte mir auch das, worüber ich schreiben wollte, nicht vorstellen. Und da habe ich einen philosophischen Trick angewandt und habe gesagt: Die Tatsache, daß ich das nicht kann, es mir vorzustellen, ist vielleicht das Schreckliche. Und so bin ich also zu dem, was ich das prometheische Gefälle nannte, gekommen. Durch mein Versagen, weil ich nicht darüber schreiben konnte. Das war vielleicht wirklich ein wichtiger Augenblick in meiner philosophischen Biographie.

Nun ist es so, daß neben dieser atomaren Bedrohung die Menschheit auch durch sehr viele andere Dinge oder Prozesse bedroht zu sein scheint. Die ökologische Krise, die Umweltkrise, die Menschheit scheint von überall bedroht zu sein, und trotzdem frage ich: Sie haben immer die atomare Drohung in den Mittelpunkt ihrer Überlegungen gestellt ...

Ja, schauen Sie, im Jahre 1945 gab es nur eine Gefahr, die als wirkliche Untergangsgefahr klassifiziert werden konnte. Damals gab es noch nicht Aids, damals gab es eine solche Naturzerstörung noch nicht, wie es sie heutzutage gibt. Das sind alles Dinge, die später gekommen sind. Ich glaube, daß weitgehend die Analysen über die Endzeit, die ich gemacht habe, die gehindert werden muß, in ein Zeitenende umzuschlagen, daß diese Analysen ohne weiteres anwendbar sind auch auf die anderen. Daß wir also viele Methoden haben, um Selbstmord zu begehen, verhindert eigentlich nicht die grundsätzlichen Dinge in meiner Analyse der atomaren Situation. Aber ich gebe zu, wir haben die Auswahl jetzt, ja.

Anhang

Anmerkungen

I. Einleitung: Günther Anders' Vita — Konturen des 20. Jahrhunderts

1 Ketzereien, München 1982, S. 5.
2 Vgl. dazu Manfred Bissinger (Hg.), Günther Anders: Gewalt — Ja oder Nein, München 1987.
3 Zuletzt schlug Gerhard Henschel noch einmal kräftig in diese Kerbe — das Lebenswerk von Günther Anders sei »schwer erträglich«, weil gekennzeichnet von »Dünkel, Verbohrtheit und Desinteresse an allen sozialen Veränderungen, die zu komplex und widerborstig sind, um seiner negativen Eschatologie als Rohstoff dienen zu können«. (Gerhard Henschel, ›Offene Augen und keine Vorurteile‹. Über Günther Anders, in: Merkur 12/1992, S. 1132).
4 Werner Fuld, Günther Anders, in: Kritisches Lexikon zur Deutschsprachigen Gegenwartsliteratur, 21. Nlg., S. 4.
5 Vgl. dazu auch Eckhard Wittulski, Günther Anders — Treue nach vorn, Phil. Diss., Hannover 1992, S. 37ff.
6 Hans Mayer, Die Zerstörung der Zukunft, in: DIE ZEIT vom 17. Juli 1981, S. 39.
7 Besuch im Hades, München 1979, S. 127.
8 Ebenda, S. 128.
9 Ebenda, S. 165.
10 Ebenda, S. 166.
11 Tagebücher und Gedichte, München 1985, S. 282f.
12 Mündliche Mitteilung vom Juni 1982.
13 Besuch im Hades, S. 27.
14 Ebenda, S. 25ff.
15 Vgl. dazu Micha Brumlik, Günther Anders, in: Dan Diner (Hg.), Zivilisationsbruch. Denken nach Auschwitz, Frankfurt/M. 1988, S. 113f.

16 Vgl. dazu die Rede von Günther Anders bei der Entgegennahme des Adorno-Preises am 11. September 1983, in der er nicht nur sein eigenes Interesse für Musikphilosophie betonte, sondern auch die diesbezüglichen Fähigkeiten Adornos unterstrich: »Die Habilitationsschrift, die ich hier in Frankfurt beendete, habe ich niemals publiziert. Und zwar deshalb nicht, weil ich ausgerechnet musikphilosophische Fragen behandelt hatte, und ich nun durch die Bekanntschaft mit Adorno einsah, daß er mich auf diesem Gebiet turmhoch überragte.« (Günther Anders antwortet, Berlin 1987, S. 171) Anders vermutete aber auch, daß Horkheimer und Adorno selbst das ihre zur Verzögerung bzw. Verhinderung dieser Habilitation beigetragen hatten. (Mündliche Mitteilung)

17 Günther Anders antwortet, S. 90 – Diese, von Anders kolportierte Version seiner Namensänderung, ist mittlerweile kritisch gedeutet worden, vor allem, weil Recherchen ergaben, daß Anders beileibe nicht soviel für den Börsen-Courier geschrieben hatte, als diese Anekdote vermuten läßt. Der Deutung der Namensgebung als Anagramm für Arendt durch Thomas Macho (Die Kunst der Verwandlung, in: Liessmann (Hg.), Günther Anders kontrovers, München 1992, S. 101f.) hat Anders allerdings noch heftig widersprochen.

18 Ketzereien, S. 334.

19 Ebenda, S. 334 f.

20 Vgl. zum Verhältnis von Günther Anders etwa zu Max Horkheimer: Werner Fuld, Walter Benjamin. Eine Biographie, Frankfurt/M. 1981, S. 267.

21 Nihilismus und Existenz, in: Neue Rundschau 5/1946, S. 48ff.; und: On the Pseudo-Concreteness of Heidegger's Philosophy, in: Philosophy and Phänomenological Research 3/1948, S. 337ff.

22 Adorno wird allerdings später, in der Negativen Dialektik, auf Anders' Heidegger-Kritik zurückgreifen. (Vgl. Theodor W. Adorno, Gesammelte Schriften Bd. 6, Frankfurt/M. 1976, S. 82f.)

23 Tagebücher und Gedichte, S. 15.

24 Günther Anders antwortet, S. 36.

25 Mündliche Mitteilung.

26 Dieser Briefwechsel ist, neben anderen frühen Arbeiten zur atomaren Frage, 1982 unter dem Titel »Hiroshima ist überall« wiederaufgelegt worden.

27 Ketzereien, S. 229.

28 Mündliche Mitteilung.

29 Ketzereien, S. 68.

30 Philosophische Stenogramme, München 1965, S. 21.

II. Mensch ohne Welt — Aspekte einer negativen Anthropologie

1 Zeitschrift für Sozialforschung 6/1937 (Nachdruck München 1980), S. 433.

2 Mensch ohne Welt, München 1984, S. XIV.

3 Der Vortrag »Die Weltfremdheit des Menschen«, dessen Typoskript im Nachlaß von Anders gefunden wurde, deckt sich allerdings nur im ersten Teil mit den französischen Aufsätzen, zu denen offensichtlich noch eine andere deutsche Fassung existierte. Wo es möglich ist, zitieren wir deshalb aus dem Vortragstyposkript, ansonsten aus einer vorläufigen Rückübersetzung der französischen Fassung.

4 Vgl. dazu auch die Rezension der *Recherches Philosophiques* von Walter Benjamin in: Zeitschrift für Sozialforschung 6/1937 (Nachdruck München 1980), S. 173f. — Einer der wenigen, der dann später, in seiner Analyse des Absurden bei Sartre, diese Arbeiten von Anders berücksichtigte, war Wolfgang Fritz Haug: Jean Paul Sartre und die Konstruktion des Absurden, Berlin 1966, bes. S. 103 und Anm. 75.

5 Günther Stern, Die Weltfremdheit des Menschen. Unveröffentlichtes Typoskript (1930), S. 8.

6 Ebenda, S. 10f.

7 Ebenda, S. 11.

8 Ebenda, S. 43, Anm. 3.

9 Ebenda, S. 17.

10 Ebenda, S. 18.

11 Günther Stern, Pathologie de la Liberté. Essai sur la non-identification, in: Recherches Philosophiques, Vol. VI, 1936/

37, S. 22-54, hier S. 22; wir zitieren nach einer provisorischen Rückübersetzung von Herta Ott.

12 Vgl. dazu Werner Reimann, Verweigerte Versöhnung. Zur Philosophie von Günther Anders, Wien 1990, S. 23ff.

13 Stern, Pathologie de la Liberté, a.a.O., S. 22f.

14 Ebenda, S. 24.

15 Ebenda.

16 Ebenda, S. 51.

17 Reimann, Verweigerte Versöhnung, a.a.O., S. 57.

18 Stern, Pathologie de la Liberté, a.a.O., S. 27.

19 Ebenda, S. 38.

20 Ebenda, S. 51ff.

21 Vgl. dazu Die Antiquiertheit des Menschen, Bd. I, 5 Aufl., München 1980, S. 309.

22 Ebenda, S. 327.

23 Mensch ohne Welt, S. XXVIII.

24 Die Antiquiertheit des Menschen, Bd. I, S. 218.

25 Ebenda, S. 216f.

26 Arnold Gehlen, Urmensch und Spätkultur, Frankfurt/M. 1975.

27 Die Antiquiertheit des Menschen, Bd. I, S. 15.

28 Die atomare Drohung, München 1981, S. 199.

29 Die Antiquiertheit des Menschen, Bd. II, München 1980, S. 9.

30 Vgl. dazu Gabriele Althaus, Der Blick vom Mond, in: Merkur 1/1985, S. 15-23.

31 Anders, Der Blick vom Mond, München 1970, S. 61.

32 Ebenda, S. 90f.

33 Ebenda, S. 91f.

34 Die Antiquiertheit des Menschen, Bd. II, S. 24f.

35 Genau diese Verweigerung macht Anders verwundbar für jene Kritik, wie sie etwa Ulrich Horstmann vortrug, der, natürlich nicht ganz zu Unrecht, Anders' Haltung als »philosophisch unabgesichert und naiv, nämlich vorreflexiv-dogmatisch« bezeichnete (U. Horstmann, Das Untier, Frankfurt/M. 1985, S. 108).

36 Die Antiquiertheit des Menschen, Bd. I, S. 323.

37 Ebenda, Bd. II, S. 387f.

38 Ebenda, Bd. II, S. 385f.

39 Ebenda, Bd. II, S. 385.
40 Ebenda, Bd. II, S. 370ff.
41 Ebenda, Bd. II, S. 390.

III. Die prometheische Scham — der Mensch und seine Geräte

1 Zit. nach: Max Horkheimer, Gesammelte Schriften, Bd. 12, Frankfurt/M. 1985, S. 579.
2 Ebenda, S. 580ff.
3 Die atomare Drohung, München 1981, S. 96.
4 Hiroshima ist überall, München 1982, S. XII. Vgl. dazu auch: Günther Anders antwortet, Berlin 1987, S. 104.
5 Günther Anders antwortet, S. 55.
6 Marx-Engels-Werke (MEW), Bd. 23, S. 391ff.
7 Sprache und Endzeit VI, in: Forum 433-435/1990, S. 19.
8 Ebenda, S. 20.
9 Die atomare Drohung, S. 97.
10 Die Antiquiertheit des Menschen, Bd. I, 5. Aufl., München 1980, S. 274.
11 Sprache und Endzeit V, in: Forum 432/1989, S. 67.
12 Die Antiquiertheit des Menschen, Bd. I, S. 16.
13 Ebenda, Bd. II, München 1980, S. 126.
14 Ebenda, Bd. II, S. 217.
15 Ebenda.
16 Ebenda, Bd. II, S. 110.
17 Ebenda, Bd. II, S. 115.
18 Gabriele Althaus, Der Blick vom Mond, in: Merkur 1/1985, S. 17.
19 Die Antiquiertheit des Menschen, Bd. II, S. 279.
20 Ebenda, Bd. I, S. 33.
21 Ebenda, Bd. II, S. 60.
22 Ebenda.
23 Arno Bammé u.a., Maschinen-Menschen, Mensch-Maschinen. Grundrisse einer sozialen Beziehung, Reinbek 1983, S. 20.
24 Die Antiquiertheit des Menschen, Bd. I, S. 39.
25 Ebenda, Bd. I, S. 41.

26 Ebenda, Bd. II, S. 425.
27 Stanislaw Lem, Summa technologiae, 2. Aufl., Frankfurt/M. 1982, S. 575f.
28 Ebenda, S. 569ff.
29 Vgl. dazu auch unter anderem: Kurt Bayertz, Gen-Ethik. Probleme der Technisierung menschlicher Fortpflanzung, Reinbek 1967, bes. S. 60ff.; A. Bammé, Maschinen-Menschen, a.a.O., S. 90ff.
30 Die Antiquiertheit des Menschen, Bd. I, S. 45.
31 Ebenda, Bd. I, S. 46f.
32 Ebenda, Bd. I, S. 47.
33 Vgl. dazu Bayertz, Gen-Ethik, a.a.O.
34 Die Antiquiertheit des Menschen, Bd. I, S. 50f.
35 Ebenda, Bd. I, S. 91.
36 Ebenda, Bd. II, S. 152ff.
37 Vgl. dazu unter anderem: Herta Nagel-Docekal/Helmut Vetter (Hg.), Tod des Subjekts, Wien/München 1987; Konrad Cramer (Hg.), Theorie der Subjektivität, Frankfurt/M. 1987; Manfred Frank, Die Unhintergehbarkeit von Individualität, Frankfurt/M. 1986.
38 Die Antiquiertheit des Menschen, Bd. II, S. 155.
39 Ebenda, Bd. I, S. 56f.
40 Ebenda, Bd. I, S. 23f.
41 Günther Stern, Die Weltfremdheit des Menschen. Unveröffentlichtes Typoskript (1930), S. 25.
42 Mariechen, München 1987, S. 58.
43 Lieben gestern, München 1986, S. 81.
44 Die Antiquiertheit des Menschen, Bd. I, S. 65ff.
45 Ebenda, Bd. I, S. 65ff.
46 Ebenda, Bd. I, S. 69.
47 Ebenda, Bd. I, S. 69f.
48 Ebenda, Bd. I, S. 82.
49 Ebenda, Bd. I, S. 84.
50 Ebenda.
51 Ebenda.
52 Ebenda, S. 87.
53 Th. W. Adorno, Prismen, Frankfurt/M. 1976, S. 152.
54 Die Antiquiertheit des Menschen, Bd. I, S. 30f.

55 Ebenda, Bd. II, S. 433f.
56 Ebenda, Bd. II, S. 95.
57 Ebenda, Bd. II, S. 98.
58 Vgl. Gerd Hartleder/Gunter Gebauer (Hg.), Sport — Eros — Tod, Frankfurt/M. 1986.
59 Die Antiquiertheit des Menschen, Bd. II, S. 103.
60 Ebenda, S. 105f.

IV. Die Welt als Phantom und Matrize —
eine Phänomenologie des Fernsehens

1 Günther Stern, Philosophische Untersuchungen über musikalische Situationen. Unveröffentlichtes Typoskript, S. 95f.
2 Ebenda, S. 180.
3 Ebenda, S. 144.
4 Ebenda, S. 147.
5 Zur Musikphilosophie von Anders vgl. auch Thomas Macho, Die Kunst der Verwandlung, in: K.P. Liessmann (Hg.), Günther Anders kontrovers, München 1992, S. 89ff., und Franz-Josef Knelangen, Günther Anders und die Musik, in: Text+Kritik 115/1992, S. 73ff.
6 Mündliche Mitteilung vom Juni 1982.
7 Spuk und Radio, in: Anbruch XII, 2/1930, S. 66.
8 Theodor W. Adorno, Gesammelte Schriften Bd. 15, Frankfurt/M. 1976, S. 371.
9 Vgl. Walter Benjamin, Das Kunstwerk im Zeitalter seiner technischen Reproduzierbarkeit, in: Gesammelte Schriften, Bd. I/2, Frankfurt/M. 1980, S. 435ff.
10 Mündliche Mitteilung vom Juni 1982.
11 Die Antiquiertheit des Menschen, Bd. II, München 1980, S. 250.
12 Tagebücher und Gedichte, München 1985, S. 235.
13 Mein Judentum, in: Das Günther Anders Lesebuch, Zürich 1984, S. 246.
14 Die Antiquiertheit des Menschen, Bd. I, 5. Aufl., München 1980, S. 131.
15 Ebenda, Bd. I, S. 130.

16 Ebenda, Bd. I, S. 131.
17 Ebenda, Bd. I, S. 170.
18 Ebenda, Bd. I, S. 157.
19 Ebenda, Bd. I, S. 156.
20 Ebenda, Bd. I, S. 158.
21 Ebenda, Bd. I, S. 161.
22 Ebenda, Bd. I, S. 162.
23 Ebenda, Bd. I, S. 102.
24 Ebenda, Bd. I, S. 103.
25 Ebenda, Bd. I, S. 106.
26 Ebenda.
27 Ebenda, Bd. I, S. 107.
28 Ebenda, Bd. I, S. 110.
29 Ebenda, Bd. II, S. 254.
30 Ebenda, Bd. I, S. 117.
31 Ebenda, Bd. I, S. 119.
32 Ebenda, Bd. I, S. 116.
33 Ebenda, Bd. II, S. 255.
34 Ebenda, Bd. I, S. 123.
35 Ebenda, Bd. I, S. 146.
36 Ebenda, Bd. I, S. 111.
37 Ebenda, Bd. I, S. 190.
38 Ebenda, Bd. I, S. 191.
39 Ebenda, Bd. I, S. 164.
40 Ebenda, Bd. I, S. 141.
41 Ebenda, Bd. I, S. 140.
42 Ebenda, Bd. I, S. 137ff.
43 Ebenda, Bd. II, S. 182.
44 Ebenda, Bd. II, S. 427.
45 Ebenda, Bd. I, S. 176.
46 Ebenda, Bd. I, S. 178.
47 Ebenda, Bd. I, S. 171f.
48 Ebenda, Bd. I, S. 309ff.
49 Ebenda, Bd. II, S. 249.
50 Th. W. Adorno, Prolog zum Fernsehen, und: Fernsehen als
   Ideologie, in: Eingriffe, Frankfurt/M. 1974, S. 69ff. und
   S. 18ff.
51 Th. W. Adorno, Musik im Fernsehen ist Brimborium, in: Ge-

sammelte Schriften, a.a.O., Bd. 19, S. 559ff. Ursprünglich in: Der Spiegel 9/1968, S. 116-125; vgl. dazu auch die Leserbriefe in den Folgenummern und Adornos Replik »Antwort des Fachidioten«, in: Der Spiegel 17/1968, S. 182 (= Gesammelte Schriften, Bd. 19, S. 570ff.).

52 Katharina Rutschky, Über das Fernsehen. An die Gebildeten unter seinen Verächtern, in: Merkur 2/1982, S. 211ff. Immerhin sollte darauf verwiesen werden, daß im Zuge einer Kritik des postmodernen Lebensgefühls die Anderssche Analyse des Fernsehens wieder aufgegriffen wurde: Bernd Guggenberger geht in *Sein oder Design. Zur Dialektik der Abklärung* (Berlin 1987) scharf mit dem Fernsehen, dieser »sozialen Macht allerersten Ranges« (S. 110) ins Gericht — ganz im Gegensatz zu Hans Magnus Enzensberger, der geneigt scheint, dem Fernsehen als dem absoluten »Null-Medium« alle soziale Relevanz abzusprechen — wegen inhaltlicher Bedeutungslosigkeit (Der Spiegel 20/1988, S. 234-244).

53 Vgl. dazu: Marshall McLuhan, Wohin steuert die Welt. Massenmedien und Gesellschaftsstruktur, Wien/München/Zürich 1978.

54 Neil Postman, Wir amüsieren uns zu Tode, Frankfurt/M. 1985.

55 Die Antiquiertheit des Menschen, Bd. I, S. 164.

56 Th. W. Adorno, Minima Moralia, Frankfurt/M. 1979, S. 57; vgl. dazu auch: Jürgen Langenbach, Günther Anders. Eine Monographie, Wien 1986, S. 31f.

57 Die Antiquiertheit des Menschen, Bd. I, S. 179.

58 Ebenda, Bd. I, S. 195; vgl. dazu auch Bd. II, S. 188ff.

59 Dieser von mir schematisierte Kreislauf erinnert nicht zufällig an den berühmten Kreislauf des Kapitals nach Marx: Geld-Ware-Geld'.

60 Die Antiquiertheit des Menschen, Bd. I, S. 197.

61 Ebenda, Bd. II, S. 52ff.

62 Ebenda, Bd. I, Vorwort zur 5. Auflage, S. VIII.

63 Besuch im Hades, München 1979, S. 181.

V. Endzeit und Zeitenende — Geschichtsphilosophie unter der atomaren Drohung

1 Günther Anders antwortet, Berlin 1987, S. 52.
2 Ebenda, S. 42.
3 Die Antiquiertheit des Menschen, Bd. I, 5. Aufl., München 1980, S. 248.
4 Ebenda, Bd. I, S. 249.
5 Ebenda.
6 Ebenda, Bd. I, S. 253.
7 Ebenda, Bd. I, S. 252.
8 Ebenda, Bd. I, S. 254 — Wolfgang Fritz Haug hat darauf hingewiesen, daß das »Monströse« bei Anders zwar einen ähnlichen Stellenwert und ein ähnliches Pathos besitzt wie die Kategorie des Absurden bei Sartre, sich aber darin unterscheidet, daß es »sozialkritisch-analytisch« gebraucht werden kann (W. F. Haug, Jean Paul Sartre und die Konstruktion des Absurden, Berlin 1966, Anm. 71).
9 Peter Sloterdijk, Kritik der zynischen Vernunft, Bd. I, Frankfurt/M. 1983, S. 258f.
10 Die Antiquiertheit des Menschen, Bd. I, S. 256.
11 Die atomare Drohung, München 1981, S. 182.
12 Die Antiquiertheit des Menschen, Bd. I, S. 259.
13 Ebenda, Bd. I, S. 261.
14 Ebenda, Bd. I, S. 262.
15 Ebenda, Bd. I, S. 258.
16 Ebenda.
17 Ebenda, Bd. I, S. 243.
18 Ebenda, Bd. I, S. 239.
19 Die atomare Drohung, S. 93.
20 Ebenda, S. 55 und S. 93.
21 Gewalt — ja oder nein, hrsg. von M. Bissinger, München 1987, S. 138f.
22 Die Antiquiertheit des Menschen, Bd. I, S. 241.
23 Die atomare Drohung, S. 61.
24 Ebenda, S. 65.
25 Ebenda, S. 66.
26 Ebenda.

27 Karl Jaspers, Die Atombombe und die Zukunft des Menschen, München 1960 (1. Auflage 1958), S. 131.

28 Die atomare Drohung, S. 61.

29 Jaspers, Die Atombombe, a.a.O., S. 229.

30 Ebenda, S. 501.

31 Die atomare Drohung, S. 41.

32 Magister Mundi, in: Forum 411/412, 1988, S. 64.

33 André Glucksmann, Philosophie der Abschreckung, Stuttgart 1984, S. 120.

34 Ernst Tugendhat, Nachdenken über die Atomkriegsgefahr und warum man sie nicht sieht, Berlin 1986, S. 45ff., 42ff.

35 Die atomare Drohung, S. 43.

36 Ebenda, S. 175.

37 Ebenda, S. 177.

38 Hiroshima ist überall, München 1982, S. 366f. – Kritisch gegen diese Formel wendet Jürgen Langenbach ein: »Nichts gegen die Rettung der Verstorbenen, aber erst einmal geht es um das Leben vor dem Tod.« (J. Langenbach, Günther Anders. Eine Monographie, Wien 1986, S. 25.)

39 Die Antiquiertheit des Menschen, Bd. I, S. 244f.

40 Jonathan Shell, Das Schicksal der Erde. Gefahr und Folgen eines Atomkrieges, München 1984, bes. S. 87ff.

41 Die atomare Drohung, S. 220f.

42 Die Antiquiertheit des Menschen, Bd. II, München 1980, S. 277 und S. 452; Mein Judentum, in: Das Günther Anders Lesebuch, Zürich 1984, S. 244.

43 Die Antiquiertheit des Menschen, Bd. II, S. 452.

44 Ebenda, Bd. II, S. 278.

45 Ernst Bloch, Das Prinzip Hoffnung, Bd. I, Frankfurt/M. 1985, S. 258ff.

46 Vgl. dazu: Hans Dieter Bahr, Ontologie und Utopie, in: Burkhard Schmidt (Hg.), Materialien zu Ernst Blochs Prinzip Hoffnung, Frankfurt/M. 1978, S. 305.

47 Die atomare Drohung, Motto.

48 Günther Anders antwortet, S. 101.

49 Ebenda, S. 143.

50 Gabriele Althaus, Der Blick vom Mond, in: Merkur 1/1985, S. 24.

51 Günther Anders antwortet, S. 45.

52 Die atomare Drohung, S. 217ff.

53 Ebenda, S. 220.

54 Zu dieser Problematik vgl. auch: Rudolf Burger, Die Philosophie des Aufschubs, und: Konrad Paul Liessmann, Der Aufschub der Philosophie, in: Liessmann (Hg.), Günther Anders kontrovers, München 1992, S. 252ff. und S. 267ff.

55 Die Antiquiertheit des Menschen, Bd. I, S. 291. – Vgl. dazu auch: Detlev Claussen, Abschied von Gestern. Kritische Theorie heute, Bremen 1986, S. 17.

56 Die Antiquiertheit des Menschen, Bd. I, S. 264.

57 Die atomare Drohung, S. 110.

58 Die Antiquiertheit des Menschen, Bd. I, S. 284.

59 Ebenda, Bd. II, S. 35.

60 Hiroshima ist überall, S. 95ff.

61 Die Antiquiertheit des Menschen, Bd. II, S. 34.

62 Die atomare Drohung, S. 73.

63 Die Antiquiertheit des Menschen, Bd. I, S. 291.

64 Vgl. dazu die Rezensionen zum *Offenen Brief an Klaus Eichmann*, z.B. von Friedrich Karl Fromme in der Frankfurter Allgemeinen Zeitung (29. September 1964) oder von J. Werth in Das Argument (1/1965).

65 Wir Eichmannsöhne, München 1964, S. 23.

66 Ebenda, S. 24.

67 Ebenda, S. 26f.

68 Ebenda, S. 27.

69 Vgl. dazu: Hans Jonas, Das Prinzip Verantwortung, Frankfurt/M. 1979.

70 Vgl. dazu auch Konrad Paul Liessmann, Moralist und Ketzer. Zu Günther Anders und seiner Philosophie des Monströsen, in: Text+Kritik 115/1992, S. 3ff.

71 Besuch im Hades, München 1979, S. 193.

72 Ebenda, S. 203 und S. 206.

73 Ebenda, S. 206.

74 Hiroshima ist überall, S. 277.

75 Ebenda, S. 327.

76 Ebenda. – Schon bald nach Erscheinen des Briefwechsels wurde Anders vorgeworfen, er wäre einem moralischen Si-

mulanten aufgesessen, der am Abwurf der Bombe gar nicht
beteiligt war und dies durch gespielte Reue kompensieren
wollte. Daß Eatherly die Bombe geworfen hätte, hatte Anders allerdings nie behauptet. Von der moralischen Integrität
Eatherlys war er zeitlebens überzeugt (vgl. die Einleitung zu:
Hiroshima ist überall, S. XVIIff.). Hans Mayer hat dazu richtig bemerkt, daß, auch wenn Eatherly die falsche Adresse gewesen sein sollte, das nichts »am Ernst und an der sachlichen
Notwendigkeit jener Korrespondenz« änderte (DIE ZEIT, 17.
Juli 1981, S. 39). Ganz anders hatte seinerzeit Friedrich Tor-
berg reagiert. In einer Polemik, die in ihrer Mischung aus rhe-
torischer Brillanz und persönlich-sachlicher Infamie einzig-
artig ist, hatte er Anders nicht nur locker als »Burschi« titu-
liert, sondern auch gefunden, der Briefwechsel mit Eatherly
»stinke zum Himmel« (Forum, Juni/Juli 1964, S. 306ff.).

77 Besuch im Hades, S. 206.
78 Die Antiquiertheit des Menschen, Bd. II, S. 396ff.
79 Die atomare Drohung, S. 189.
80 Ebenda, S. 191.
81 Ebenda, S. 200.
82 Hiroshima ist überall, S. XXXIf.
83 Die atomare Drohung, S. 127ff.
84 Ebenda, S. 128.
85 Ebenda.
86 Vgl. dazu vor allem das Gespräch von F. J. Raddatz mit Günther Anders in: Günther Anders antwortet, S. 97ff.
87 Vgl. dazu auch Anders' Verdikt über Schönbergs »Ein Überlebender aus Warschau«, in: Ketzereien, München 1982, S. 69.
88 Günther Anders antwortet, S. 110; Die atomare Drohung,
S. 129 — Vgl. dazu auch Franz Haas, ›Sul ponte di Hiroshima‹. Günther Anders und die Ästhetik in italienischer Sicht,
in: Liessmann (Hg.), Günther Anders kontrovers, a.a.O.,
S. 103ff.
89 Philosophische Stenogramme, München 1965, S. 53.
90 Hiroshima ist überall, S. 226.

VI. Ketzereien — einige Probleme der Moral und die Frage der Gewalt

1 Das Günther Anders Lesebuch, Zürich 1984, S. 297.
2 Ketzereien, München 1982, S. 258.
3 Vgl. etwa die Ablehnung des Andreas-Gryphius-Preises durch Günther Anders oder seine Reaktionen auf die Rede von Wallmann anläßlich der Verleihung des Adorno-Preises, in: Günther Anders antwortet, Berlin 1987, S. 174f.
4 Besuch im Hades, München 1979, S. 195.
5 Günther Anders, Nihilismus und Existenz, in: Neue Rundschau 5/1946, 63; und: Anders, Ketzereien, S. 28f. — Vgl. dazu auch Ludger Lütkehaus, Philosophieren nach Hiroshima. Über Günther Anders, Frankfurt/M. 1992, S. 58ff.
6 Ketzereien, S. 197f.
7 Philosophische Stenogramme, München 1965, S. 48ff.
8 Ketzereien, S. 258.
9 Ebenda.
10 Die atomare Drohung, München 1981, S. 38.
11 Die Antiquiertheit des Menschen, Bd. II, München 1980, S. 191.
12 Ebenda, Bd. II, S. 260.
13 Ebenda, Bd. II, S. 261.
14 Th. W. Adorno, Minima Moralia, Frankfurt/M. 1979, S. 42f. — Günther Anders' Verhältnis zu Adorno verdiente überhaupt eine genauere Untersuchung. Einerseits hatte Anders Adorno, dem er nicht verzeihen konnte, daß er sich einem aktiven Engagement gegen den Atomtod verweigert hatte, nicht sonderlich gemocht und wünschte nicht, mit ihm in einem Atemzug genannt zu werden (Ketzereien, S. 318). Andererseits hatte er Adornos philosophische, vor allem musikphilosophische Begabung stets geschätzt. Überdies ist die inhaltliche Nähe dieser beiden Denker so evident, daß eine Feindschaft aus Ähnlichkeit denkbar erscheint, Jürgen Langenbach hat darauf hingewiesen (Langenbach, Günther Anders. Eine Monographie, Wien 1986, S. 31). Aus dem Kreis der Frankfurter Schule war Adorno dann auch der einzige, der, in der Negativen Dialektik, deren Heidegger-Kritik einiges

Günther Anders verdankt, in die Nähe von Günther Anders' radikalem Bedenken der menschengemachten Apokalyse kam: »Keine Universalgeschichte führt vom Wilden zur Humanität, sehr wohl eine von der Steinschleuder zur Megabombe. Sie endet in der totalen Drohung der organisierten Menschheit gegen die organisierten Menschen.« (Adorno, Gesammelte Schriften, Bd. 6, Frankfurt/M. 1976, S. 314)

15 Die Antiquiertheit des Menschen, Bd. II, S. 290.

16 Visit beautiful Vietnam. ABC der Aggressionen heute, Köln 1968.

17 Die Antiquiertheit des Menschen, Bd. II, S. 290f.

18 Ebenda, Bd. II, S. 291f. – Über die philosophischen Aspekte eines »Umgangs mit Maschinen« vgl. auch, wenngleich in ganz anderen Intentionen geschrieben: Hans Dieter Bahr, Über den Umgang mit Maschinen, Tübingen 1983.

19 Philosophische Stenogramme, S. 80.

20 Vgl. dazu: Niklas Luhmann, Ökologische Kommunikation, Opladen 1986.

21 Die Antiquiertheit des Menschen, Bd. I, 5. Aufl., München 1980, S. 289.

22 Die atomare Drohung, S. 88.

23 Ebenda.

24 Die Antiquiertheit des Menschen, Bd. I, S. 291f.

25 Die atomare Drohung, S. 88.

26 Vgl. dazu: Hannah Arendt, Vita activa, München 1981.

27 Die Antiquiertheit des Menschen, Bd. I, S. 293.

28 Ebenda, Bd. I, S. 284.

29 Günther Anders antwortet, S. 65.

30 Die Antiquiertheit des Menschen, Bd. I, S. 298.

31 Hans Jonas, Das Prinzip Verantwortung, Frankfurt/M. 1979, S. 36.

32 Die Antiquiertheit des Menschen, Bd. I, S. 296.

33 Ebenda, Bd. II, S. 12. – Die wohlmeinende Mahnung dürfte wohl von Martin Heidegger gekommen sein (Günther Anders antwortet, S. 98).

34 Die atomare Drohung, S. 97.

35 Die Antiquiertheit des Menschen, Bd. I, S. 274.

36 Die atomare Drohung, S. 137.

37 Ebenda, S. 141.
38 Ebenda, S. 149.
39 Ebenda, S. 155f.
40 Ebenda, S. 160f.
41 Ebenda, S. 166.
42 Ebenda, S. 105.
43 Manfred Bissinger (Hg.), Gewalt — ja oder nein, München 1987, S. 23.
44 Ebenda, S. 151ff.
45 Vgl. dazu die gesammelten Stellungnahmen in: Gewalt — ja oder nein.
46 Hans-Martin Lohmann, Günther Anders, der Atomstaat und das Gewalttabu, in: Günther Anders antwortet, S. 13f.
47 Gewalt — ja oder nein, S. 145.
48 Anders hat übrigens bis zuletzt an seiner Position zur Gewaltfrage festgehalten. Vgl. dazu das in diesem Band abgedruckte Gespräch, S. 151.
49 Wie auf einer anderen Ebene dieses Problem philosophisch triftig verhandelt werden kann, zeigte Dieter Henrich, Ethik zum nuklearen Frieden, Frankfurt/M. 1990.
50 Peter Kafka, In Sachen Gewalt, in: Gewalt — ja oder nein, S. 176f.

VII. Anders als Ästhet: Von Molussien zur Pluralismuskritik

1 Mensch ohne Welt, München 1984, S. XXVI.
2 Günther Anders antwortet, Berlin 1987, S. 61f.
3 Das Günther Anders Lesebuch, Zürich 1984, S. 308.
4 Bert Brecht, Gespräche und Erinnerungen, Zürich 1962, S. 41.
5 Ebenda, S. 40.
6 Günther Anders erinnerte sich in einem Interview an einen geplanten Untertitel »Unterricht im Lügen«. (Günther Anders antwortet, S. 31)
7 Günther Anders antwortet, S. 31.
8 Ebenda, S. 31 und S. 90. Die Recherchen des Berliner Germanisten Walter Delabar haben allerdings keinerlei Belege

oder sonstige Bestätigungen für diese von Anders kolportierte Version ergeben; weder ist aus der Biographie Sperbers solch eine Tätigkeit bekannt, noch läßt sich der Verlag eruieren, den Anders gemeint haben könnte. Kurz vor seinem Tode noch einmal dazu befragt, bestätigte Anders seine Version, konnte sich aber an den Verlagsnamen nicht mehr erinnern. (Vgl. dazu Walter Delabar, Fabula docet, in: Zeitschrift für Germanistik NF 2/1992, S. 300ff.)

9 Günther Anders antwortet, S. 90.
10 Günther Anders, Die molussische Katakombe. Roman, München 1992, S. 9f. Anders hat die 1930-32 entstandene »Molussische Katakombe« zweimal überarbeitet und gekürzt, zuletzt 1938 in New York. Diese Fassung gelangte zum Druck, die wesentlich umfangreichere Erstfassung konnte bis heute nicht gefunden werden.
11 Ebenda, S. 11.
12 Ebenda, S. 7.
13 Ebenda, S. 98.
14 Ebenda, S. 97.
15 Ebenda, S. 92ff.
16 Ebenda, S. 290ff.
17 Ebenda, S. 177.
18 Ebenda, S. 105.
19 Ebenda, S. 222ff.
20 Die Antiquiertheit des Menschen I, 5. Aufl., München 1980, S. 26.
21 Die Antiquiertheit des Menschen II, München 1980, S. 174.
22 Ebenda, S. 135.
23 Tagebücher und Gedichte, München 1985, S. 341.
24 Kosmologische Humoreske und andere Erzählungen, Frankfurt/M. 1978, S. 241ff., S. 271.
25 Vgl. dazu auch Wendelin Schmidt-Dengler, Günther Anders: Mariechen, in: Literatur und Kritik 233/234/1989, S. 181f.
26 Dichten heute, in: Rudolf Ibel (Hg.), Das Gedicht, Hamburg 1954, S. 141.
27 Ebenda, S. 142.
28 Ebenda.
29 Ketzereien, S. 81.

30 Der Blick vom Turm, München 1968, S. 46f.
31 Kosmologische Humoreske, Frankfurt/M. 1978, S. 7ff.
32 Ebenda, S. 286.
33 Ebenda, S. 281f.
34 Mensch ohne Welt, München 1984, S. 87. – Vgl. auch die Rilke-Interpretation, die Günther Anders gemeinsam mit Hannah Arendt 1932 versucht hatte (Rilkes Duineser Elegien, Frankfurt/M. 1982).
35 Mensch ohne Welt, S. 93.
36 Vgl. dazu auch Konrad Paul Liessmann, Ohne Mitleid. Zum Begriff der Distanz als ästhetische Kategorie, Wien 1991.
37 Kosmologische Humoreske, S. 292.
38 Mensch ohne Welt, S. 93 und S. 88.
39 Bert Brecht. Gespräche und Erinnerungen, Zürich 1962, S. 49.
40 Mensch ohne Welt, S. 89.
41 Ebenda, S. 211.
42 Eine späte Würdigung dieser radikalen Kafka-Exegese, die Anders in den späten vierziger Jahren konzipiert hatte, ist in letzter Zeit in der Germanistik zu spüren: »Die Lektüre dieser schmalen Schrift lohnt sich heute um ihrer selbst willen«, meint etwa Wendelin Schmidt-Dengler (Ein Modell der Kafka-Rezeption: Günther Anders, in: Was bleibt von Franz Kafka, hrsg. v. W. Schmidt-Dengler, Wien 1985, S. 196).
43 Mensch ohne Welt, S. 122.
44 Vgl. die Rezension von W. Emrich, in: Erasmus 5/1952, S. 435 – immerhin hatte Emrich die Arbeit von Anders eine »geniale Fehlinterpretation« genannt.
45 Mensch ohne Welt, S. XV.
46 Ebenda, S. XVI.
47 Odo Marquard, Abschied vom Prinzipiellen, Stuttgart 1981; Paul Feyerabend, Wider den Methodenzwang, Frankfurt/M. 1976.
48 Mensch ohne Welt, S. XVII.
49 Ebenda.
50 Peter Sloterdijk, Kritik der zynischen Vernunft, Bd. II, Frankfurt/M. 1983, S. 571.
51 Mensch ohne Welt, S. XX.

52 Theodor W. Adorno, Gesammelte Schriften, Bd. 7, Frankfurt/
   M. 1976, S. 339.
53 Mensch ohne Welt, S. XXII.
54 Ebenda, S. XXIV.
55 Ebenda, S. XXII.
56 Ebenda, S. XXV.
57 Ebenda, S. XXVII.
58 Ebenda.

VIII. Schluß: Si Tacuisses ... oder: Der Philosoph als Barbar

1 Zitiert bei Werner Fuld, Günther Anders, in: Kritisches Lexikon zur Deutschsprachigen Gegenwartsliteratur, 21. Nlg.,
   S. 6.
2 Die Antiquiertheit des Menschen, Bd. I, 5. Aufl., München
   1980, S. 8.
3 Ebenda, Bd. II, München 1980, S. 418.
4 Ebenda, Bd. II, S. 417.
5 Ebenda, Bd. II, S. 420.
6 Ebenda, Bd. II, S. 420f.
7 Günther Anders antwortet, Berlin 1987, S. 46.
8 Philosophische Stenogramme, München 1965, S. 5.
9 Mariechen, München 1987, S. 26.
10 Philosophische Stenogramme, S. 7f.
11 Nach dem Manuskript. Jetzt auch abgedruckt in: Zeitschrift
   für Didaktik der Philosophie 3/1992, S. 143.
12 Ketzereien, München 1982, S. 233.

Literaturhinweise

a) Bibliographie Günther Anders

Die bibliographische Situation in Sachen Anders hat sich in den letzten Jahren grundlegend geändert, auch wenn eine umfassende Auflistung seiner publizierten Texte noch aussteht und die Sichtung der unveröffentlichten Schriften noch Jahre beanspruchen wird. Die von Jan Strümpel, Gregor Ackermann und Werner Reimann erarbeitete bisher vollständigste Bibliographie (Text+Kritik 115/1992) enthält nahezu alle publizierten Arbeiten von Anders, inklusive seiner frühen Artikel für *Das Dreieck*, den Berliner *Börsen-Courier*, den New Yorker *Aufbau* und die *Zeitschrift für Sozialforschung*, viele seiner verstreut gedruckten Gedichte und seine in den letzten Lebensjahren im Wiener *Forum* bzw. in *Das Argument* erschienenen Glossen. Wir begnügen uns deshalb mit der chronologischen Auflistung der selbständigen Buchpublikationen und jener veröffentlichten und unveröffentlichten Schriften, die für die vorliegende Einführung von Bedeutung sind.

1923   Die Rolle der Situationskategorie bei den *Logischen Sätzen*. Unveröffentlichte Dissertation, Freiburg.

1927   Zur Phänomenologie des Zuhörens, in: Zeitschrift für Musikwissenschaft, 1927, S. 614ff. (unter: Günther Stern).

1928   Über das Haben. Sieben Kapitel zur Ontologie der Erkenntnis, Bonn (unter: Günther Stern).

1929   Philosophische Untersuchungen über musikalische Situationen. Unveröffentlichtes Typoskript.

1930   Die Weltfremdheit des Menschen. Von Günther Stern. Unveröffentlichtes Typoskript.

1930	Über die sog. ›Seinsverbundenheit‹ des Bewußtseins, in: Archiv für Sozialwissenschaft und Sozialpolitik, H. 64 (unter: Günther Stern). Wiederabdruck in: Volker Meja/Nico Stehr (Hg.), Der Streit um die Wissenssoziologie, Frankfurt/M. 1982, S. 497ff.
1930	Spuk und Radio, in: Anbruch XII, 2/1930, S. 65 (unter: Günther Stern).
1932	Rilkes Duineser Elegien, in: Neue Schweizer Rundschau (unter: Günther Stern; mit Hannah Arendt). Wiederabdruck in: Ulrich Fülleborn/Manfred Engel (Hg.), Rilkes Duineser Elegien, Bd. 2, Frankfurt/M. 1982, S. 45ff.
1934	Une Interprétation de l'Aposteriori, in: Recherches Philosophiques H. 4, S. 65ff. (unter: Günther Stern).
1936	Pathologie de la Liberté, in: Recherches Philosophiques H. 6, S. 22ff. (unter: Günther Stern).
1944	Heidegger – Geschichte des Nihilismus. Unveröffentlichtes Typoskript.
1944	Homeless Sculpture, in: Philosophy and Phenomenological Research, H. 2, S. 293ff. (Über Rodin; unter: Günther Stern).
1945/46	Der ›Tod des Vergil‹ und die Diagnose seiner Krankheit, in: Austro-American Tribune. Wiederabdruck in Mensch ohne Welt, München 1984, S. 195ff.
1946	Nihilismus und Existenz, in: Neue Rundschau, H. 5, S. 48ff., Stockholm.
1948	On the Pseudo-Concreteness of Heidegger's Philosophy, in: Philosophy and Phenomenological Research, H. 3, S. 337ff. (unter: Günther Stern).
1949	The Acoustic Stereoscop, in: Philosophy and Phenomenological Research, H. 2, S. 238ff.
1950	Bild meines Vaters, in: William Stern, Allgemeine Psychologie, 2. Aufl., The Hague (unter: Günther Stern-Anders).
1950	Emotion and Reality, in: Philosophy and Phenomenological Research, H. 4, S. 553 (unter: Günther Stern-Anders).
1951	Kafka – Pro und Contra. Die Prozeßunterlagen,

München. Wiederabdruck in: Mensch ohne Welt, 1984.

1952   Geleitwort zur 7. Auflage von William Stern, Psychologie der frühen Kindheit, Heidelberg (unter: Günther Stern-Anders).

1952   Philosophie — für wen?, in: Die Sammlung. Zeitschrift für Kultur und Erziehung, Nr. 11. Wiederabdruck unter dem Titel: Über die Esoterik der philosophischen Sprache, in: Merkur 322/1975; und in: Das Argument 128/1981.

1954   Dichten heute, in: Rudolf Ibel (Hg.), Das Gedicht. Jahrbuch für zeitgenössische Lyrik 1954/55, Hamburg.

1954   Über die Nachhut der Geschichte, in: Neue Schweizer Rundschau, Dezember 1954.

1956   Die Antiquiertheit des Menschen. Über die Seele im Zeitalter der zweiten industriellen Revolution, Bd. I, München. Durch ein Vorwort erweiterte, 5. Auflage 1980.

1957   Gebote des Atomzeitalters, in: Frankfurter Allgemeine Zeitung vom 13. Juli 1957. Enthalten in: Hiroshima ist überall, 1982, S. 218-226.

1959   Faule Arbeit und pausenloser Konsum, in: Homo ludens, Januar 1959.

1959   Der Mann auf der Brücke. Tagebuch aus Hiroshima und Nagasaki, München. Wiederabdruck in: Hiroshima ist überall, 1982.

1961   George Grosz, Zürich. Wiederabdruck in: Mensch ohne Welt, 1984.

1961   Die Komplizen, in: Das Argument, H. 18.

1961   Offener Brief an Präsident Kennedy über die Affäre Eatherly, in: Das Argument, Flugblatt-Sonderausgabe Nr. 2.

1961   Off limits für das Gewissen. Der Briefwechsel zwischen dem Hiroshima-Piloten Claude Eatherly und Günther Anders, hrsg. und eingeleitet von Robert Jungk, Hamburg. Wiederabdruck in: Hiroshima ist überall, 1982.

1961	Der schleichende Atomkrieg. Erklärung, in: Das Argument, H. 20.
1962	Bert Brecht. Gespräche und Erinnerungen, Zürich. Wiederabdruck in: Mensch ohne Welt, 1984.
1963	Siamo tutti come Eichmann? In: Mondo Nuovo, 6. Januar 1963.
1964	Wir Eichmannsöhne. Offener Brief an Klaus Eichmann, München (2. erweiterte Auflage 1988).
1965	Philosophische Stenogramme, München (Neuausgabe 1993).
1965	Die Toten. Rede über die drei Weltkriege, Köln. Wiederabdruck in: Hiroshima ist überall, 1982.
1965	Der verwüstete Mensch. Über Welt- und Sprachlosigkeit in Döblins ›Berlin Alexanderplatz‹, in: Festschrift zum achtzigsten Geburtstag von Georg Lukács, hrsg. von F. Benseler, Neuwied, Berlin. Wiederabdruck in: Mensch ohne Welt, 1984.
1965	Warnbilder, in: Uwe Schultz (Hg.), Das Tagebuch und der moderne Autor, München.
1966	Brechts ›Leben des Galilei‹, in: Programmheft des Wiener Burgtheaters, 30. Oktober. Wiederabdruck in: Mensch ohne Welt, 1984.
1966	Über George Grosz. Vorwort, in: G. Grosz, Ecce Homo. Faks. Ausgabe nach der 1923 im Malik-Verlag erschienenen Ausgabe, Hamburg. Wiederabdruck in: Mensch ohnc Welt, 1984.
1966	Der Schrecken. Gedichte aus den Jahren 1933-1948, in: Wilhelm R. Beyer (Hg.), homo homini homo. Festschrift für Joseph E. Drexel, München. Mitabgedruckt in: Tagebücher und Gedichte, 1985.
1967	Die Schrift an der Wand. Tagebücher 1941-1966, München. Wiederabdruck Teil 1 in: Tagebücher und Gedichte, 1985; Teil 2 in: Besuch im Hades, 1979.
1968	Der Blick vom Turm. Fabeln, München.
1968	Visit beautiful Vietnam. ABC der Aggressionen heute, Köln.
1970	Der Blick vom Mond. Reflexionen über Weltraumflüge, München.

1971	Eskalation des Verbrechens. Aus einem ABC der amerikanischen Aggression gegen Vietnam, Berlin. Teilabdruck aus Visit beautiful Vietnam, 1968, teilweise Originaltexte.
1972	Endzeit und Zeitenende. Gedanken über die atomare Situation, München. Zweite, durch ein Vorwort erweiterte Auflage unter dem Titel: Die atomare Drohung. Radikale Überlegungen, München 1981.
1973	Die falschen Samariter, in: Walter Jens (Hg.), Der barmherzige Samariter, Stuttgart.
1975	Über die Esoterik der philosophischen Sprache, in: Merkur, H. 322. Auch in: Das Argument 128, 1981, und in: Günther Anders antwortet, 1987.
1977	Die Konsequenzen der Konsequenzen der Konsequenzen. Jedes Kraftwerk ist eine Bombe, in: Neues Forum Wien, April/Mai 1977.
1977	Lieben gestern, in: Merkur, H. 7. Mitabgedruckt in: Lieben gestern, 1986.
1978	Kosmologische Humoreske. Erzählungen, Frankfurt/M.
1978	Mein Judentum, in: Hans Jürgen Schultz (Hg.), Mein Judentum, Stuttgart.
1979	Bertolt Brechts ›Geschichten von Herrn Keuner‹, in: Merkur, H. 376. Wiederabgedruckt in: Mensch ohne Welt, 1984.
1979	Besuch im Hades. Auschwitz und Breslau 1966. Nach ›Holocaust‹ 1979, München. Vgl. Die Schrift an der Wand, 1967.
1980	Die Antiquiertheit des Menschen, Bd. II. Über die Zerstörung des Lebens im Zeitalter der dritten industriellen Revolution, München.
1981	Die atomare Drohung. Radikale Überlegungen, München. Neuausgabe von: Endzeit und Zeitenende, 1972.
1982	Hiroshima ist überall, München. Enthält nach einer wichtigen Einleitung: Der Mann auf der Brücke (1959), Off limits für das Gewissen (1961), Die Toten. Rede über die drei Weltkriege (1965).

196

1982	Ketzereien, München.
1982	Die Tröstung, in: Tintenfisch 210.
1984	Erzählungen, Frankfurt/M. Nachdruck von Kosmologische Humoreske.
1984	Das Günther Anders Lesebuch, hrsg. von Bernhard Lassahn, Zürich.
1984	Mensch ohne Welt. Schriften zur Kunst und Literatur, München. Enthält außer bisher unveröffentlichten Texten die folgenden Nachdrucke: Kafka — Pro und contra, 1951; Bert Brecht, 1962; Brechts ›Leben des Galilei‹, 1966; Bertolt Brecht. Geschichten von Herrn Keuner, 1979; Der verwüstete Mensch, 1965; Über Bloch, 1945/46; George Grosz, 1961; George Grosz, 1966.
1985	Tagebücher und Gedichte, München.
1985	Die Antiquiertheit des Hassens, in: Kahle/Menzner/Vinnai (Hg.), Haß. Die Macht eines unerwünschten Gefühls, Reinbek.
1985	Über die Pflege ostdeutschen Kulturerbes. Ablehnungsbescheid. Offener Brief zur Ablehnung des Andreas-Gryphius-Preises, in: Frankfurter Rundschau vom 14. Juni 1985.
1986	Lieben gestern. Notizen zur Geschichte des Fühlens, München.
1987	Gewalt — ja oder nein. Eine notwendige Diskussion, hrsg. von Manfred Bissinger, München. Enthält von Günther Anders: Das Gespräch; Vom ›Notstand zur Notwehr‹; Die Zuspitzung I: Vom Ende des Pazifismus; Die Zuspitzung II: Die Atom-Resistance — neue ausgewählte Stücke zum Thema ›Notstand und Notwehr‹; Ein Nachtrag: Nur an Wochenenden.
1987	Günther Anders antwortet. Interview und Erklärungen, hrsg. von Elke Schubert, Berlin. Enthält unter anderem folgende in verschiedenen Zeitschriften publizierte Arbeiten: Die Atomkraft ist die Auslöschung der Zukunft; Die Besudelung; Hoffnung ist nur ein anderes Wort für Feigheit; Notstand und Notwehr.
1987	Mariechen. Eine Gutenachtgeschichte für Liebende,

	Philosophen und Angehörige anderer Berufsgruppen. Mit einer Günther-Anders-Bibliographie, München (Neuausgabe 1993).
1989/90	Sprache und Endzeit I-VI, in: Forum 423/1989-432/1989; 435/1990.
1992	Die Antiquiertheit des Proletariats, in: Forum 462/1992.
1992	Die molussische Katakombe. Roman (Fassung 1938), München.
1992	Über philosophische Diktion und das Problem der Popularisierung (1949), Göttingen.
1993	Philosophische Stenogramme (1965, Neuausgabe), München.
1993	Mariechen. Eine Gutenachtgeschichte für Liebende, Philosophen und Angehörige anderer Berufsgruppen (1949, Neuausgabe), München.
1993	Patologia de la Libertá (Italienische Übersetzung der Aufsätze aus den *Recherches Philosophiques*, 1934/36). Mit einer Einleitung von Konrad Paul Liessmann und einem Nachwort von Rosarita Russo, Bari.

b) Sekundärliteratur

Lange Zeit gab es zum Werk von Günther Anders nur knappe Rezensionen, kaum breiter angelegte Auseinandersetzungen, schon gar nicht systematische Untersuchungen. Das hat sich in den letzten Jahren etwas geändert. Es existieren mittlerweile sowohl brauchbare Monographien als auch Arbeiten zur Philosophie von Günther Anders. Da die Bibliographie von Jan Strümpel (Text und Kritik 115/1992) und die Dissertation von Eckhard Wittulski die meisten dieser Artikel und Rezensionen zu Anders verzeichnen, beschränken wir uns auf die zuletzt erschienenen monographischen und systematischen Arbeiten. Der Anders-Band von Text+Kritik und der aus den Beiträgen zum Internationalen Wiener Anders-Symposion (1990) hervorgegangene Sammelband *Günther Anders kontrovers* bieten zudem einen Einstieg in die gegenwärtige Auseinandersetzung um Anders.

Althaus, Gabriele: Leben zwischen Sein und Nichts. Drei Studien zu Günther Anders, Berlin 1989.

Arnold, Heinz Ludwig (Hg.): Günther Anders. Text+Kritik 115, München 1992 (mit umfassender Bibliographie der Primär- und Sekundärliteratur).

Fuld, Werner: Günther Anders, in: Kritisches Lexikon zur Deutschsprachigen Gegenwartsliteratur, hrsg. von H. L. Arnold, 21. Nlg., 1985, S. 1ff. (mit ausführlicher Bibliographie der Rezensionen zu Günther Anders).

Geiger, Georg: Der Täter und der Philosoph — Der Philosoph als Täter. Die Begegnung zwischen dem Hiroshima-Piloten Claude R. Eatherly und dem Antiatomkriegphilosophen Günther Anders oder: Schuld und Verantwortung im Atomzeitalter, Bern 1991.

G'schrey, Oliver: Günther Anders: »Endzeit«-Diskurs und Pessimismus, Cuxhaven 1991.

Hildebrandt, Helmut: Weltzustand Technik. Ein Vergleich der Technikphilosophien von Günther Anders und Martin Heidegger, Berlin 1990.

Langenbach, Jürgen: Günther Anders, Wien 1986.

Le Rider, Jacques/Pfasmann, Andreas (Hg.): Günther Anders (= Austriaca 35/1992; enthält die Vorträge des Pariser Anders-Kolloquiums vom Februar 1992).

Liessmann, Konrad Paul (Hg.): Günther Anders kontrovers, München 1992.

Liessmann, Konrad Paul / Macho, Thomas (Hg.): Themenheft »Günther Anders« der Zeitschrift für Didaktik der Philosophie, H. 3/1992.

Lütkehaus, Ludger: Philosophieren nach Hiroshima. Über Günther Anders, Frankfurt/M. 1992.

Reimann, Werner: Verweigerte Versöhnung. Zur Philosophie von Günther Anders, Wien 1990.

Schubert, Elke: Günther Anders, Reinbek 1992.

Wittulski, Eckhard: Kein Ort, Nirgends — Zur Gesellschaftskritik Günther Anders', Frankfurt/M. 1989.

Wittulski, Eckhard: Günther Anders — Treue nach vorn. Von der Phänomenologie zur Diskrepanzphilosophie. Bibliographie, Hannover 1992 (Phil. Diss.).

Zeittafel

1902	Am 12. Juli wird Günther Siegmund Stern, der sich später Anders nannte, als Sohn des Psychologen-ehepaares Clara und William Stern in Breslau geboren.
1915	Umzug der Familie Stern nach Hamburg.
1917	Kriegserlebnisse in Frankreich als Mitglied eines paramilitärischen Verbandes; antisemitische Ausschreitungen gegen Anders.
1919	Abitur; Beginn des Philosophiestudiums in Hamburg.
1921	Studien bei Husserl und Heidegger in Freiburg.
1924	Dissertation bei Husserl über *Die Rolle der Situationskategorie bei den ›Logischen Sätzen‹*. Erste Veröffentlichungen; Arbeit als Kunstjournalist in Berlin und Paris; Zeichnungen.
1925	Studien bei Heidegger in Marburg; Bekanntschaft mit Hannah Arendt.
1926	Assistent bei Max Scheler.
1927	Erste selbständige philosophische Publikation: *Über das Haben*.
1929	Vorträge in den Kantgesellschaften von Hamburg und Frankfurt über *Die Weltfremdheit des Menschen*; am 26. September Heirat mit Hannah Arendt; ein Versuch, sich mit der Abhandlung *Philosophische Untersuchungen über musikalische Situationen* bei Paul Tillich zu habilitieren, scheitert.
1930	Umzug nach Berlin; Arbeit beim »Börsen-Courier«; Arbeit am Roman *Die molussische Katakombe*.
1933	Emigration nach Paris.
1936	Novellenpreis der Emigration des Querido-Verlages in Amsterdam für die Erzählung *Der Hungermarsch*;

	Trennung von Hannah Arendt, die Ehe wird am 9. August 1937 brieflich in Berlin geschieden; Weiterflucht in die USA; verschiedene Fabrikarbeiten; Gedichte im New Yorker »Aufbau«.
1939	Mit einer befreundeten Schauspielerin geht Anders nach Hollywood; Drehbuchentwürfe; Arbeit in den Requisitenkammern der Filmstudios.
1942	Teilnahme an Diskussionen des Instituts für Sozialforschung (mit Horkheimer, Adorno, H. Marcuse, Brecht, Eisler); Anders lebt vorübergehend im Haus von Herbert Marcuse in Santa Monica.
1943	Arbeit in New York beim »Office of War Information«.
1944	Bekanntschaft mit der österreichischen Schriftstellerin Elisabeth Freundlich, die er am 21. Mai 1945 in New York heiratet.
1945	Obwohl oder weil er sich der Dimension dieses Ereignisses bewußt ist, reagiert Anders auf den Abwurf der ersten Atombomben mit Sprachlosigkeit.
1949/50	Vorlesungen über Kunstphilosophie an der New School of Social Research in New York.
1950	Rückkehr nach Europa und zwar nach Wien, Beginn einer intensiven Publikationstätigkeit.
1951	Verleihung der österreichischen Staatsbürgerschaft; Veröffentlichung einer kritischen Arbeit über Kafka, die auf einen Pariser Vortrag von 1934 zurückgeht *(Kafka – Pro und Contra. Die Prozeßunterlagen).*
1954	Mitinitiator der Anti-Atombewegung.
1955	Die Ehe zwischen Günther Anders und Elisabeth Freundlich wird am 7. Juni geschieden.
1956	Der erste Band der *Antiquiertheit des Menschen* erscheint; verstärkte Auseinandersetzung mit der atomaren Drohung.
1957	Günther Anders heiratet am 20. September die polnisch-amerikanische Pianistin Charlotte Lois Zelkowitz (Zelka).
1958	Teilnahme an einem Kongreß gegen Atom- und Wasserstoffbomben in Japan; Seminare über »Moral im

	Atomzeitalter«; Besuch von Hiroshima und Nagasaki; das Reisetagebuch erscheint ein Jahr später unter dem Titel *Der Mann auf der Brücke*.
1959	Beginn eines Briefwechsels mit dem Hiroshima-Piloten Claude Eatherly; er erscheint 1961 unter dem Titel *Off limits für das Gewissen*.
1962	Begegnung mit Eatherly in Mexico-City; Premio Omegna der »Resistanza Italiana«.
1964	Offener Brief an Klaus Eichmann über den Zusammenhang von Auschwitz und Technik *(Wir Eichmannsöhne)*.
1965	*Philosophische Stenogramme*.
1966	Reise nach Breslau; Besuch von Auschwitz. Das Reisetagebuch erscheint mit anderen Aufzeichnungen 1967 unter dem Titel *Die Schrift an der Wand*, 1979 unter dem Titel *Besuch im Hades*.
1967	Juror im War Crimes-Tribunal von Bertrand Russell; Kritikerpreis.
1968	*Visit beautiful Vietnam* und ein Band Fabeln *(Der Blick vom Turm)* erscheinen.
1970	Anders widmet seine Reflexionen über Weltraumflüge *(Der Blick vom Mond)* Ernst Bloch.
1972	Reise nach Israel; geschichtsphilosophische Aufsätze über die atomare Drohung *(Endzeit und Zeitenende)*.
1978	Erzählungen aus den Jahren 1933 bis 1973 erscheinen unter dem Titel *Kosmologische Humoreske*; Literaturpreis der Bayerischen Akademie der schönen Künste.
1979	Österreichischer Staatspreis für Kulturpublizistik.
1980	Der zweite Band der *Antiquiertheit des Menschen* erscheint; Preis für Kulturpublizistik der Stadt Wien.
1982	Die *Ketzereien* erscheinen; Anders verläßt nach dem Einmarsch Israels in den Libanon die Jüdische Gemeinde Wien.
1983	Theodor W. Adorno-Preis der Stadt Frankfurt.
1985	Ablehnung des Andreas-Gryphius-Preises aus politischen Gründen.
1986	Tagebuchaufzeichnungen aus dem amerikanischen

Exil erscheinen unter dem Titel *Lieben Gestern*; die Thesen von Anders zur Frage der Gewalt im Kampf gegen die atomare Rüstung lösen heftige Kontroversen aus.

1989   Anders verläßt die Berliner Akademie der Künste, als diese eine Lesung von Salman Rushdies *Satanischen Versen* ablehnt.

1992   Sigmund-Freud-Preis für wissenschaftliche Prosa der Deutschen Akademie für Sprache und Dichtung in Darmstadt; Ablehnung des Ehrendoktorats der Universität Wien.

1992   Am 17. Dezember stirbt Günther Anders in einem Pflegeheim in Wien.

Konrad Paul Liessmann, geb. 1953 in Villach, Studium der Germanistik, Geschichte und Philosophie in Wien, Univ.Doz. am Institut für Philosophie der Universität Wien, Essayist und (Literatur)Kritiker. Zahlreiche wissenschaftliche und essayistische Veröffentlichungen zu Fragen der Ästhetik, Kunst- und Kulturphilosophie, Gesellschaftstheorie, Philosophie des 19. Jahrhunderts. Wichtige Buchpublikationen: *Ästhetik der Verführung. Kierkegaards Konstruktion der Erotik aus dem Geiste der Kunst,* Frankfurt/M. 1991; *Ohne Mitleid. Zum Begriff der Distanz als ästhetische Kategorie,* Wien 1991; *Karl Marx 1818 – 1989. Man stirbt nur zweimal,* Wien 1992; *Philosophie der modernen Kunst,* Wien 1993; Herausgeber von *Günther Anders kontrovers,* München 1992; für den Junius Verlag schrieb er auch die Einführung zu Sören Kierkegaard (1993).

JEAN-FRANÇOIS
LYOTARD
Die Phänomenologie

JUNIUS

Lyotards Kritik am Totalitätsdenken
der Moderne — hier hat sie ihre
Wurzeln.

Jean-François Lyotard
Die Phänomenologie
190 Seiten, gebunden
DM 38,-/öS 297,-/sFr 39,-
ISBN 3-88506-421-9